EN TORNO A RIEGO EN EL II CENTENARIO DE SU MUERTE

EN TORNO A RIEGO EN EL II CENTENARIO DE SU MUERTE

Ciclo de conferencias
2023

Leopoldo Tolivar Alas
(Coordinador)

REAL INSTITUTO DE ESTUDIOS ASTURIANOS

Oviedo - 2025

© del texto: los autores
© de esta edición, Real Instituto de Estudios Asturianos®
Plaza de Porlier, 9 - 1.ª planta
33003, OVIEDO
Teléfono: 984 18 28 01
Correo electrónico: ridea@asturias.org

ISBN: 978-84-129570-7-5
Depósito legal: AS 01685-2025
Imprime: Asturgraf

ÍNDICE

Nota preliminar

El Real Instituto de Estudios Asturianos, en colaboración con la Real Academia Asturiana de Jurisprudencia, organizó, entre el 31 de mayo y el 27 de junio de 2023, un Ciclo de conferencias, al cumplirse ese año dos siglos de la ignominiosa ejecución, el 7 de noviembre de 1823, del General Riego, en la madrileña Plaza de la Cebada. Crimen que no sólo acabó con la vida del ilustre tinetense, héroe en Cabezas de San Juan, el primer día de 1820. Con su muerte, tras engaños de retractación y escarnio público, se puso fin al trienio liberal y al segundo período de vigencia de la Constitución de Cádiz, para retroceder la Nación al penoso régimen absolutista.

Ante esta fecha, triste en la memoria colectiva de Asturias y de España, que también tuvo eco lejos de nuestras fronteras, haciendo mella en el sentimiento liberal, el RIDEA y la Real Academia Asturiana de Jurisprudencia no podían quedar ajenos a su conmemoración y al recuerdo de nuestro insigne paisano. Los ponentes y hoy coautores de esta obra son, como el lector podrá comprobar de inmediato, eminentes especialistas en la época y en el personaje al que se pretende recordar y honrar.

Leopoldo Tolivar Alas
Coordinador del Ciclo

Prólogo

Doscientos años han tenido que transcurrir para que finalmente el Trienio Liberal tuviese el reconocimiento historiográfico que le corresponde. Entre el 2020 y el 2023 han sido docenas las monografías, libros colectivos, recopilación de fuentes y artículos doctrinales que han realizado contribuciones sustanciales sobre aquel momento decisivo de nuestra historia contemporánea. Y todavía dos años después de concluido el bicentenario estas publicaciones siguen dando sus últimos coletazos. Un éxito bien merecido.

Muy al contrario, su primer centenario había transcurrido sin pena ni gloria, lo que había contribuido a silenciar (o al menos minusvalorar) un período seminal de nuestra historia política y constitucional. ¿A qué respondió tal ostracismo?

Varios son los factores que pueden explicarlo. El primero fue la tendencia historiográfica a ver el Trienio Liberal como un simple paréntesis entre dos momentos de autocracia fernandina: el sexenio absolutista (1814-1820) y la ominosa década (1823-1833). Esta idea de excepcionalidad –en la que el pensamiento conservador estuvo particularmente interesado– vino acompañada por el parejo sentimiento de fracaso que los propios liberales mantuvieron de aquellos tres años en los que habían sido incapaces de mantener vivo el sistema representativo. Los liberales moderados llegaron incluso a responsabilizar de ese malogro no sólo al infame Fernando VII, sino a la propia Constitución de Cádiz, que aquilataron como inadecuada para el "espíritu del siglo" (como lo denominó Francisco Martínez de la Rosa), decantándose en el futuro por un modelo más conservador que miraba ya a la *Charte* otorgada por Luis XVIII en 1814, en vez de la Constitución francesa de 1791, modelo que en que se había inspirado el texto español de 1812.

Sentimiento de fracaso al que también contribuyó la fácil caída del Trienio bajo la ocupación de España decretada por la Santa Alianza. La entrada de los Cien Mil Hijos de San Luis fue un auténtico "paseo militar", no hallando casi oposición alguna en los pueblos por los que fue avanzando. Hasta tal punto que, cuando el duque de Angulema recibió en su Francia natal un homenaje por su gesta, lo sintió casi como un fraude, porque la suya no había sido realmente una victoria obtenida por las armas, sino por el desapego que la propia España había mostrado hacia el Trienio.

Este fracaso vino corroborado por los acontecimientos posteriores. Los fusilamientos del general Torrijos en las playas malagueñas, y el ajusticiamiento de Mariana Pineda en Granada, amén de las intentonas frustradas de Espoz y Mina, entre otras, acabaron con cualquier expectativa liberal de reinstaurar el régimen constitucional. Como sucedería en la transición política, hubo que esperar a la muerte del autócrata (Franco en 1975, Fernando VII en 1833) para que España pudiera reincorporarse a la senda constitucional. Es más, en 1834 el restablecimiento del constitucionalismo no se debió únicamente a los deseos de dejar atrás un régimen autárquico (como sí sucedió en la transición de 1977), sino a la conveniencia de la regente de pactar con el liberalismo para lograr su apoyo en las Guerras Carlistas y en sus aspiraciones dinásticas.

Todo ello contribuyó a que el Trienio acabase sepultado en un olvido condescendiente. Considerado un período casi excéntrico –de excesos revolucionarios, según lo veían los conservadores– la propia historiografía se contagió de esa visión sesgada y no le dio la importancia que merecía. Sólo algún autor como Alberto Gil Novales supo separarse de esta dinámica, aportando estudios sobre los protagonistas de aquel período (centrándose, por otra parte, en sus preferidos, como Juan Romero Alpuente o Rafael del Riego), el nacimiento de un incipiente fenómeno asociacionista (examinando las Sociedades Patrióticas) y llegando a fundar una revista dedicada monográficamente a la época (*Trienio: Ilustración y Liberalismo*, fundada en 1983). Aportaciones tan solo lastradas por la mirada un tanto sesgada de Gil Novales, quien adolecía de una indisimulada debilidad hacia el liberalismo exaltado que le hacía incurrir en valoraciones subjetivas de la otra corriente liberal.

La injusticia científica y académica que entrañó minusvalorar el Trienio resulta fragrante. Porque el Trienio es, a todas luces, nuestra particular "Revolución francesa". Que no haya sido vista así también es consecuencia de las particularidades con las que fue alumbrado. Es cierto que no surgió de una guerra, como la Revolución Norteamericana de 1776, ni de episodios violentos como la toma de Bastilla y la posterior ejecución de un monarca, como la Revolución Francesa de 1789, ni siquiera de un cambio dinástico, como la Revolución Gloriosa inglesa de 1688. Pero semánticamente es indiscutible que lo que vivió España en 1820 fue un proceso revolucionario, a pesar de su origen pacífico (ya que el alzamiento de Rafael del Riego no dio lugar a vertido alguno de sangre). Si por revolución entendemos un cambio abrupto de sistema político, resulta evidente que el Trienio lo supuso, ya que pretendía superar definitivamente el Antiguo Régimen y el absolutismo borbónico.

Aunque breve, la experiencia fue tan enriquecedora que puede decirse, sin tapujos, que en ella bebió de un modo u otro el posterior constitucionalismo español. En el Trienio se ensayó por vez primera un régimen constitucional, toda vez que, durante la Guerra de la Independencia, con media España ocupada por las tropas galas y el monarca retenido en Bayona, había resultado imposible poner verdaderamente en planta la Constitución de 1812. El ensayo trajo consigo una práctica política, y un desarrollo normativo, nunca antes visto en España, y a partir de los cuales evolucionaría nuestro sistema representativo desde 1834. En el Trienio surgen los jurados de imprenta, se cambia la planta judicial, se implantan órganos representativos territoriales (las Diputaciones Provinciales), surge el núcleo de los futuros particos políticos (con la escisión entre liberales exaltados y moderados, que marcará la principal división ideológica en España hasta 1868), nacen los primeros Gobiernos propiamente dichos y se instauran las bases del funcionamiento de la asamblea representativa. En este sentido, incluso algunos elementos del futuro sistema parlamentario de gobierno hunden sus raíces en el Trienio: aunque Joaquín Tomás Villarroya demostró que fue la práctica del Estatuto Real la que consolidó la responsabilidad política del Ejecutivo, lo cierto es que la primera moción de censura *in nuce* estuvo instada por José María Calatrava en 1821.

Más allá de que el Trienio supusiese el precedente de buena parte de las instituciones, normas y prácticas de nuestra historia político-constitucional, también tuvo una repercusión extraordinaria en el extranjero. Lo que hace que el ostracismo al que se le condenó por parte de la historiografía resulte más injusto si cabe.

El hecho mismo de que la Constitución de Cádiz se hubiese impuesto de forma no violenta –muy a diferencia de lo que había sucedido en la Francia revolucionaria– fue visto entre los liberales europeos como un loable ejemplo. Así, la enciclopedia alemana Brockhaus afirmaba en 1820 que la Constitución de Cádiz era la más libre de Europa, porque había nacido sin derramamiento de sangre. Que se dijese precisamente en 1820, es decir, justo tras su puesta en planta, demuestra que los autores estaban pensando no sólo en su origen, en 1812, sino en el modo en que se había empezado a aplicar en el Trienio. Ese mismo carácter no violento supuso un acicate para los liberales europeos: España demostraba que resultaba posible implantar un régimen representativo radical sin caer en los excesos de la Revolución Francesa. De este modo, se sorteaban los argumentos del conservadurismo, que capciosamente ligaban constitucionalismo con violencia.

Siguiendo el ejemplo de España, el Trienio Liberal fue imitado en Portugal a través de la Constitución de 1822 y en Grecia en la de 1827. En particular, los liberales lusos mencionaron constantemente durante el proceso constituyente los acontecimientos del país vecino, que representaba el referente en el que deseaban mirarse. Esa misma proyección internacional explica las numerosas traducciones que se realizaron de la Constitución de Cádiz a partir de 1820 al inglés, francés, portugués e italiano. España estaba en boca de todos, y autores como los franceses Dominique Dufour Pradt (*De la révolution actuelle de l'Espagne, et de ses suites*), Jean Denis Lanjuinais (*Vues politiques sur les changemens a faire a la Constitution d'Espagne afin de la consolider, spécialement dans le Royaume des Deux-Sicilies*), Jean Claude Clausell de Consergues (*Quelques considérations sur la révolution d'Espagne et sur l'in-*

tervention de la France) o los británicos Joseph Hemingway (*History of the Spanish revolution commencing with the establishment of the constitutional government of the Cortes in the year 1812 and brought down to its overthrow by the French arms*) y Edward Blaquiere (*An Historical Review of the Spanish Revoluion including some account of Religion, Manners*) analizaron –casi siempre en términos muy elogiosos– los acontecimientos de la "revolución española". Incluso el reputado Jeremy Bentham examinó el proceso codificador de las Cortes del Trienio y el funcionamiento del régimen representativo español (*Three Tracts on Spanish and Portuguese Affairs*) y se permitió aconsejar sobre el tratamiento que debían dar los españoles a sus territorios ultramarinos (*Rid yourselves of Ultramaria*).

España estaba entonces en boca de toda Europa.

***

Y todo comenzó con Rafael del Riego. Con su pronunciamiento en enero de 1820 en Las Cabezas de San Juan. Por eso, la rehabilitación del Trienio no se entendería sin la recuperación de la figura de Riego como uno de sus protagonistas más destacados. Su nombre, y lo que su alzamiento significó para nuestra historia política, merece que se le coloque junto con otros próceres de la patria asturianos que lo precedieron (Campillo y Cossío, Campomanes o Jovellanos), que fueron coetáneos suyos (Álvaro Flórez Estrada, Agustín Argüelles, el conde de Toreno o José Canga Argüelles) e incluso que le sucedieron (Melquíades Álvarez, Adolfo Posada o Indalecio Prieto). Demostrando así el papel que Asturias tuvo en el constitucionalismo español, aportando un número considerable de próceres, muy superior al que pudiera esperarse de un territorio geográficamente aislado y demográficamente irrelevante.

La apuesta de Rafael del Riego por la libertad, y el éxito de ella (frente al fracaso, por ejemplo, del Plan Beitia de 1819, orquestado entre otros por Juan de Olavarría y el que luego sería su traidor, José O'Donnell), fue más allá de la propia restauración de la Constitución de Cádiz y del régimen representativo. El suyo marcó, además, el nacimiento de los pronunciamientos militares como una de las fórmulas de cambio político-constitucional más genuinas de España. Fórmula que nada tiene que ver con los "golpes de Estado" de otros países, y que más allá de nuestras fronteras a menudo no se entiende cabalmente por esa misma razón.

En este sentido, la historia constitucional y política de España estuvo desde sus orígenes muy ligada al mundo castrense. Nuestras primeras Constituciones (la de Bayona de 1808 y la de Cádiz de 1812) surgieron en medio de una guerra de liberación nacional contra la ocupación francesa. Por su parte, la restauración del régimen representativo en 1834 estuvo ligada –como ya he recordado– al oportunismo monárquico derivado de las Guerras Carlistas. A su vez, el motín de La Granja trajo consigo la restauración de la Constitución del 12, y su "reforma" posterior, dando lugar a la Constitución del 37, bajo cuyo mandato se instauró la regencia de Espartero. Y los pronunciamientos militares también fueron una constante en nuestra historia: desde el de Riego (si no tenemos presente el frustrado de Porlier), se sucedieron otros muchos a lo largo de todo el siglo XIX con protagonistas como O'Donnell en la Vicalvarada, los de Topete, Serrano, y Prim, el del general Pavía o el de Martínez Campos. La relevancia de los militares en la vida política explica que se acuñase el término "espadón" para referirse a los mandos castrenses que, como Espartero, Narváez, O'Donnell, Prim y Serrano, dirigieron la política española durante el período isabelino.

El de Rafael del Riego fue un protagonismo muy distinto al de estos últimos. Tras su levantamiento, prefirió situarse en un segundo plano político. Obviamente también tuvo su papel en este ámbito, pero fue más discreto, si tenemos presente el que podía haber ejercido en el Trienio, merced al prestigio obtenido con su gesta. También es cierto que no todos los liberales valoraban a Riego. Su ascendiente lo obtuvo entre el liberalismo exaltado, que lo vio como el héroe que había traído a España las libertades perdidas, pero el liberalismo moderado receló del general asturiano, temiendo que su prestigio entre los sectores más radicales pudiera encender una llama agitadora.

Gran parte de los acontecimientos políticos del Trienio estuvieron de hecho marcados por la figura de Rafael del Riego, de modo que su papel en el período no se agota, ni mucho menos, con su pronunciamiento. Riego fue, de forma involuntaria, el que propició el abismo que progresivamente fue abriéndose entre exaltados y moderados, abismo que daría lugar al nacimiento de los dos primeros partidos políticos españoles. La presencia de Riego en el palco del madrileño teatro del Príncipe acabó con el cántico de la *Trágala*, considerado ofensivo para el monarca, lo que agudizó el recelo que los moderados ya sentían del general asturiano, decidiéndose adoptar medidas para poner fin a lo que consideraban un riesgo para la gobernabilidad. La disolución por el marqués de las Amarillas (a la sazón ministro de Guerra) del ejército de la Isla –que los exaltados consideraban un símbolo de libertad– y el traslado de Riego al cuartel general de Oviedo –que los partidarios del general interpretaron como un destierro para alejar a un personaje incómodo para al gobierno– fueron hitos decisivos que alejaron de forma irremisible a las dos alas del liberalismo.

Riego fue, por tanto, un símbolo del Trienio más allá de su protagonismo militar y su discreta intervención política. Y ese simbolismo sería el que Fernando VII quiso erradicar tras la restauración de su poder absoluto por los Cien Mil Hijos de San Luis. Arrastrado por las calles de Madrid, y ejecutado en la Plaza de La Cebada de forma infame en un patíbulo al que le costó subir por su maltrecho estado. Indigna muerte del digno héroe, al que se le negó incluso la forma de morir que merecía por su rango, el fusilamiento.

Por supuesto, Fernando VII no logró su propósito. El mito perduró. No en balde la Segunda República adoptó como himno el de Riego, cuya letra, como es de sobra conocido, había elaborado su coterráneo y amigo, el también militar Evaristo San Miguel. Es más, cuando se proclamó en 1931 el nuevo régimen que ponía fin al reinado de Alfonso XIII, Niceto Alcalá Zamora definió la nueva república como "el bisnieto de Riego". Y ello a pesar de que el general asturiano nunca fue republicano. Lo que hizo que su ejecución por orden de un monarca resultase, si cabe, más cruel.

Por todo ello, no se entendería homenajear el Trienio sin honrar la figura de uno de sus principales protagonistas. Así se hizo en 2020 en Las Cabezas de San Juan que siempre ha sentido a Rafael del Riego como propio. Asturias ni podía ni debía dejar de reivindicar al general, oriundo del tranquilo y recóndito pueblo de Tuña, en Tineo, donde se conserva su espléndido palacio.

Esta reivindicación llevó al Real Instituto de Estudios Asturianos a celebrar entre mayo y junio de 2023 un ciclo de conferencias sobre Rafael del Riego coordinadas por Leopoldo Tolivar Alas, catedrático de Derecho Administrativo de la Universidad de Oviedo y académico de la referida institución. La selección de ponentes y temas con los que exponer al público la figura de Rafael del Riego fue muy adecuada para el propósito, proporcionando una visión pluridimensional en la que el contexto del Trienio, la dimensión política y militar de Riego, y su proyección en el tiempo y el espacio resultaron analizados con ponencias de un extraordinario nivel. El hecho de que la sala de conferencias registrase un magnífico aforo demuestra la altura de ponentes y ponencias, y el acertado diseño del ciclo por parte de Leopoldo Tolivar.

La figura de Riego fue glosada por Clara Álvarez Alonso, catedrática de Historia del Derecho, autora de una excelsa monografía sobre el general y que mostró las aportaciones políticas que el prócer asturiano realizó a lo largo del Trienio. El alzamiento militar de Riego, y sus repercusiones, fue expuesto por Francisco Carantoña, catedrático de Historia Contemporánea de la Universidad de León, quien explicó la figura de Riego dentro del protagonismo que Asturias –de cuyos orígenes constitucionales él es uno de los más importantes especialistas de nuestro país– en el panorama liberal-ilustrado español. Más allá de nuestras fronteras, Riego fue una figura elogiada y admirada, como demostró en su ponencia Alicia Laspra, profesora titular de Filología Inglesa de la Universidad de Oviedo, y conocedora privilegiada del tema, merced a su condición de codirectora de un grupo de investigación que analiza la huella del liberalismo español en la literatura europea. Y, dentro de España, la huella de Riego a lo largo del XIX también resultó imborrable. Antonio Jiménez-Blanco, catedrático de Derecho Administrativo de la Universidad Politécnica de Madrid (e intelectual con una cultura y sensibilidad literaria poco común) lo demostró analizando la imagen –no siempre positiva– que del Trienio Liberal proporcionó Benito Pérez Galdós en sus *Episodios Nacionales*, y en *La Fontana de Oro*. El ciclo se cerró de la mejor manera posible: con la ponencia de Emilio La Parra, catedrático de Historia Contemporánea en la Universidad de Alicante, que analizó los dos referentes antagónicos del Trienio: el propio Riego y su némesis, Fernando VII. Nadie mejor que Emilio La Parra para ello: no sólo se trata del mayor especialista de Fernando VII de nuestro país, sino que también dirigió la más detallada tesis doctoral que se ha realizado hasta la fecha sobre Rafael del Riego, redactada por Víctor Sánchez Martín. Brillante colofón para un sobresaliente ciclo.

El presente volumen recoge los textos resultantes de esas magníficas ponencias, permitiendo así que se perpetúen más allá de la memoria de quienes tuvimos la ocasión de presenciarlas y disfrutar de ellas en su momento en el ovetense palacio del conde de Toreno. El orden de las ponencias se ha alterado por razones de coherencia interna del libro. De este modo, comienza con el análisis del contexto histórico e ideológico en el que se forjó Riego y su protagonismo en el nacimiento del Trienio (Francisco Carantoña); a continuación, se han situado las ponencias centradas en el Trienio y en el papel de Riego en sus tres años de gobierno (Emilio La Parra y Clara Álvarez). Acto seguido se sitúa el análisis de la dimensión internacional de Riego, mostrada por sus coetáneos en el extranjero (Alicia Laspra), para cerrar el volumen con la representación del Trienio ofrecida ya a finales del XIX por Pérez Galdós, mostrando la perpetuación de Riego en el tiempo (Antonio Jiménez-Blanco).

Estoy convencido de que este libro se convertirá en un referente en la figura de Riego, que vendrá a sumarse a los dos libros más relevantes que se han realizado hasta la fecha sobre su figura: los de Clara Álvarez Alonso (*Rafael del Riego. Una vida por la Constitución,* 2021) y Víctor Sánchez Martín (*Rafael del Riego: Símbolo de la Revolución Liberal*, 2024). Y, de este modo, contribuirá no sólo a mantener viva la llama del propio Riego, sino a poner el Trienio Liberal en el destacado lugar que le corresponde en la historia político-constitucional no sólo de nuestro país, sino, en realidad, de Europa.

Ignacio Fernández Sarasola
Catedrático de Derecho Constitucional
Universidad de Oviedo
Marzo de 2025

ASTURIAS EN EL TRIENIO LIBERAL (1820-1823)

Dr. Francisco Carantoña Álvarez
Catedrático de Historia Contemporánea
de la Universidad de León

I. Introducción

"Desde luego, no es fácil comprender cómo un territorio escasamente poblado como Asturias fue capaz de aportar tan ilustres políticos ya desde el siglo XVIII. A Campillo y Cossío, Campomanes y Jovellanos (por no hablar claro está de Feijoo, asturiano de adopción) les sucederían en la primera mitad del siglo XIX prohombres de la talla de Flórez Estrada, Canga Argüelles, Agustín Argüelles o el conde de Toreno [...] Transcurridos doscientos años desde que se aprobase la Constitución de Cádiz, parece oportuno recordar el protagonismo de esos políticos asturianos que colaboraron para implantar por primera vez en España el sistema representativo del que aún hoy somos herederos"[1]. Estas consideraciones, escritas por Ignacio Fernández Sarasola con motivo del bicentenario de la Constitución de 1812, pueden también aplicarse al protagonismo de los asturianos en el Trienio Liberal.

A su relación de nombres podrían añadirse dos asturianos de origen, aunque nacidos fuera del principado, también influyentes en el periodo constituyente y con proyección en el segundo episodio de la revolución liberal española: Antonio Valdés y Fernández Bazán y su sobrino Cayetano Valdés y Flórez, ambos ilustres marinos. El primero, creador de la que acabaría siendo bandera española, fue un ilustrado, ministro de Marina con Carlos III y Carlos IV y amigo de Jovellanos, al que acompañaría en la Junta Central como representante de León. El segundo, su sobrino, héroe de Trafalgar, regente del reino en 1823, sería amigo y colaborador de Agustín Argüelles, con el que compartió presencia como ministro en el primer Gobierno del Trienio y escaño en las Cortes elegidas en 1821. Tanto Antonio como Cayetano fueron protectores de la familia Riego, con la que estaban emparentados, y en concreto de Rafael, el militar que tanto protagonismo alcanzaría en el pronunciamiento de 1820 y en la política del Trienio.

Hay una evidente continuidad entre las dos primeras etapas de la revolución liberal española y no solo debida a la nueva vigencia de la legislación de

---

[1] Fernández Sarasola, Ignacio, *Los constituyentes asturianos en las Cortes de Cádiz*, Gijón, Trea, 2012, p. 13.

las Cortes y de la Constitución de Cádiz en 1820. Flórez Estrada, Argüelles, Canga Argüelles y Toreno volvieron a situarse en la primera fila de la política en el Trienio –el primero y el último habían podido mantener su actividad en el exilio, en el que escribieron sendas obras de relevancia[2]–, pero a ellos hay que añadir a Francisco Martínez Marina, respetado historiador del derecho y las instituciones, académico de la Historia, con un pie en la Ilustración y otro en el primer liberalismo –había nacido en 1754, por edad, estaba más cerca de Jovellanos que de Argüelles–, que influyó en los diputados constituyentes y fue diputado a Cortes por Asturias en 1820-1821.

La relación se completa con personajes que, aunque en algún caso ya hubiesen tenido actividad política o militar en el periodo anterior, van a convertirse ahora en protagonistas de la nueva etapa constitucional: los ya mencionados Rafael del Riego y Cayetano Valdés; los hermanos Evaristo, Juan Nepomuceno y Santos Fernández San Miguel –el primero, militar, compañero de Riego, editor del importante periódico madrileño *El Espectador* y Secretario de Estado en 1822; el segundo, jurista y diputado en las Cortes de 1820-1821 y el último, militar liberal con diversos destinos en esta época–; el canónigo Rodrigo Valdés Busto, diputado en las segundas Cortes del Trienio, que más adelante sería propuesto como obispo de Tarazona y durante la regencia de Espartero se encargaría de la formación religiosa de Isabel II; el obispo Antonio Posada Rubín de Celis, uno de los pocos prelados liberales del Trienio; el jurista José María García del Busto, alma del levantamiento asturiano de 1808, liberal de primera hora, vocal de la Junta revolucionaria gallega y presidente en este periodo de la Audiencia de Valencia; el profesor y periodista Ramón López Acevedo, conocido por sus seudónimos *Momo* y *Miso-Basileo*, activo en Madrid, además de en Asturias, y, aunque situados en un nivel quizá más modesto, Antonio Flórez Estrada, que fue jefe político de Santander y Salamanca; Joaquín y Rafael Suárez del Villar, con cargos en el ministerio de Hacienda e intendencias de provincia; o militares como Pedro de la Bárcena, efímero ministro en 1823, Fernando Rubín de Celis o Pedro Méndez de Vigo.

Es un elenco notable, en el que no figuran los que en esta época desarrollaron su actividad exclusivamente en Asturias y que serán mencionados en las páginas siguientes, ni otros asturianos que desempeñaron puestos de menor trascendencia pública, pero que contribuyeron al funcionamiento de las instituciones liberales[3]. No solo se trata de políticos o profesionales con influencia

---

[2] *Representación hecha a S. M. C. el Señor Don Fernando VII en defensa de las Cortes*, publicada inicialmente por Flórez Estrada en *El Español Constitucional*, que dirigía Fernández Sardino en Londres, del que era colaborador, y que tendría gran difusión y *Noticia de los principales sucesos del Gobierno de España (1808-1814)*, del conde de Toreno, que vio la luz en París en 1820. De ambas hay reediciones recientes: Flórez Estrada, Álvaro, *Representación hecha a S. M. C. el Señor Don Fernando VII en defensa de las Cortes*, Madrid, Endymion, 2010 [1818]; Queipo de Llano, José María (conde de Toreno), *Noticia de los principales sucesos del Gobierno de España (1808-1814)*, Pamplona, Urgoiti, 2008 [1820].

[3] En un estudio de carácter limitado por las fuentes utilizadas, que aportan información incompleta, Juan Francisco Fuentes, sobre el origen de 93 cargos nombrados por el Gobierno o las Cortes en el Trienio, señala que "Asturias figuraría, con sus doce representantes, claramente destacada", pero añade: "Conviene señalar, de todas formas, que nuestro hipotético mapa refleja no sólo el mayor peso que el liberalismo

incluso en generaciones posteriores, sino de personas de gran peso intelectual: Agustín Argüelles, que se convertiría en figura de referencia del liberalismo progresista, publicó obras de relevancia sobre su experiencia política; Evaristo San Miguel fue autor de numeroso libros y miembro de la Real Academia de la Historia; el conde de Toreno escribió una magna obra sobre la Guerra de la Independencia, que sigue siendo imprescindible; los tres continuaron con su actividad política tras la muerte de Fernando VII. Martínez Marina, Canga Argüelles o Álvaro Flórez Estrada, no tuvieron tanto protagonismo político en la etapa de las regencias y el reinado de Isabel II –el primero falleció poco antes que el rey–, pero sí sus escritos.

En la formación de esta brillante generación de liberales asturianos, que tuvo un papel tan destacado en las dos primeras etapas revolucionarias del siglo XIX e incluso lo prolongó hasta el reinado de Isabel II, ejercieron una influencia indudable los ilustrados Campomanes, Valdés, Martínez Marina y, especialmente, Jovellanos. No solo intelectual, sino incluso personal. También fue importante la existencia de una universidad en Oviedo, que facilitó la formación de jóvenes de familias sin excesivos recursos, que hubieran tenido más dificultades para estudiar fuera de la región. La universidad –sobre todo los estudiantes, pero también algunos profesores– fue decisiva en el levantamiento de febrero de 1820.

En el Trienio no solo destacaron muchos asturianos, también Asturias, colectivamente, por su singular papel en la revolución de 1820. Primero Riego y los militares asturianos que lo acompañaban en Las Cabezas de San Juan, un mes después, la ciudadanía que se alzó para apoyarlo y creó una Junta de Gobierno en Oviedo, que proclamó el restablecimiento de la Constitución en el principado. Fue la segunda provincia, el término que se utilizaba entonces, en levantarse en apoyo a los sublevados en Andalucía, con un movimiento puramente civil.

Es algo que llama la atención por la reducida población del principado, como señalaba Fernández Sarasola –364.238 habitantes según el último censo–, pero también por su pequeño tamaño –10.000 km^2–, escasa urbanización –Oviedo no llegaba a los 10.000 habitantes y Gijón poco pasaría de los 6.000– y lejanía de la capital del reino, a la que ni siquiera se podía viajar por una carretera que permitiera el paso de carruajes y diligencias. Solo la influen-

---

tiene en tal o cual provincia, sino también una tendencia histórica, anterior a la Revolución liberal, de las clases medias y de los estamentos privilegiados de determinadas provincias a ver en la función pública, ya sea el Ejército, la judicatura o la Administración civil, su principal vía de promoción social, por no decir de mera subsistencia. Es muy posible, en este sentido, que la existencia de una pequeña nobleza muy numerosa en las provincias cantábricas, sin apenas alternativa de vida fuera del Ejército, la Iglesia y las *covachuelas* de la Administración, explique la importancia que tienen Asturias y, en menor medida, las provincias vasco-navarras como lugar de procedencia de los cuadros políticos del Estado liberal, como antes, seguramente, de la Monarquía absoluta". Sin negar que eso sea cierto, la selección de personas para desempeñar cargos públicos en el Trienio estaba claramente politizada y se elegía, y premiaba, a personas ideológicamente comprometidas, especialmente si habían sufrido represión en el sexenio absolutista. Fuentes, Juan Francisco, "La formación de la clase política del liberalismo español: análisis de los cargos públicos del Trienio Liberal", *Historia Constitucional*, 3 (2002), pp. 19-37, esp. 28-29.

cia de esa generación de ilustrados, la apertura al mar –que facilitaba los desplazamientos al exterior, la llegada de visitantes y también el contrabando, incluido el de libros–, la existencia de la universidad y la experiencia de la movilización social que se había producido durante la Guerra de la Independencia pueden explicar, al menos parcialmente, el arraigo del liberalismo en los núcleos urbanos y parte de las élites de la región.

Como en toda España, las fuentes señalan la raigambre de las ideas liberales entre la burguesía comercial, algo que se manifestaba especialmente en Gijón, pero lo cierto es que como clase social era muy débil. Según el censo de 1797, había en Asturias 62.255 nobles, el 17% de la población, aunque solo 16 titulados. En cambio, solo registraba 123 comerciantes (mayoristas) y 172 mercaderes (detallistas), además de 766 fabricantes y 6.909 artesanos, la mayoría de oficios tradicionales, dispersos por los pueblos; sin embargo, había 59.112 labradores. El liberalismo asturiano hubiera sido mucho más endeble si no se hubiese extendido a la nobleza, tanto a hidalgos como a algunos aristócratas con título. De hecho, la mayoría de los personajes que se mencionaban al principio, sino todos, eran nobles.

Ahora bien, si la nobleza otorgaba ciertos privilegios –el más conflictivo era el de la exención del reclutamiento para el ejército– y permitía la presencia en Juntas Generales y Diputaciones del principado, no suponía que los hidalgos fuesen mayoritariamente acomodados. Su elevado número, en una región agrícola tenida por pobre, indica que buena parte de ellos subsistía con dificultades y no pocos con el trabajo de la tierra y la ganadería. La Diputación constitucional lo describía con crudeza en una exposición, en la que apoyaba la supresión del mayorazgo, que dirigió a las Cortes el 2 de septiembre de 1820: "esta provincia donde la mayor parte de los vínculos son de tan poco producto que no solo no dejan sobrante al poseedor, ni aun le suministran lo preciso para una mísera existencia, constituyendo su familia un aduar de mendigos orgullosos, imposibilitados por falta de medios de seguir una carrera, e impedidos por vanidad de dedicarse a un oficio, y precisados a que recursos vergonzosos les suministren la subsistencia"[4].

Si en ocasiones los primogénitos podían sobrevivir con sus mayorazgos, sobre todo si conseguían un buen matrimonio, los segundones y, con ellos, muchos de los herederos de la hidalguía menos acomodada, pero con algunos recursos, se veían obligados a buscar el sustento en el ejército, la iglesia o la carrera de leyes, que podía abrirles el camino de la administración. De ahí lo que señalaba Juan Francisco Fuentes en el texto citado anteriormente. El paso por la universidad, o la necesidad de vivir fuera de la región, facilitaban que se abriese su mente a las nuevas ideas. Por otra parte, algunos se dedicaban incluso a actividades industriales, es bien conocido que la familia Flórez Estrada poseía una herrería. Por eso, fueron bastantes los que vieron en las reformas económicas liberales un camino para mejorar sus condiciones de vida.

---

[4] Reproducida en Fernández Pérez, Adolfo y Friera Suárez, Florencio (coords.), *Historia de Asturias*, Oviedo, KRK, 2005, pp. 661-662.

La hidalguía norteña –asturiana, vasca, navarra, pero también gallega, cántabra y leonesa– tuvo una presencia importante en las instituciones constitucionales y entre los actores, militares y civiles, del proceso revolucionario, pero esto no quiere decir que fuese homogéneamente liberal; una parte importante, temerosa de perder privilegios, influencia y recursos, se apegó al Antiguo Régimen. En cualquier caso, su protagonismo, como el de los militares, nobles en su mayoría, no es extraño en una país agrícola y rural y concuerda con lo sucedido en las revoluciones liberales de otros países, especialmente de la Europa central.

II. La revolución de febrero. La Junta Suprema de Gobierno[5]

Tras la desarticulación parcial, el 8 de julio de 1819, de la conspiración cívico-militar que había preparado la sublevación del ejército expedicionario acantonado en Andalucía, el teniente coronel Rafael del Riego asumiría la preparación del pronunciamiento que se produjo el 1 de enero de 1820 en la localidad sevillana de Las Cabezas de San Juan. Riego, con una osada acción sobre el cuartel general de Arcos de la Frontera, capturó al general en jefe, conde de Calderón, al jefe del estado mayor, Fournas, y a los generales Salvador y Blanco. Frente a las dudas del coronel Quiroga –que, una vez liberado de su arresto, había sido designado jefe del ejército constitucional–, que hay que achacar a su prudencia, no a desavenencias ideológicas con el asturiano, la actuación de Riego fue decisiva para el triunfo del levantamiento. El fracaso de Quiroga cuando intentó, tarde, tomar la ciudad de Cádiz dejó a los sublevados en una situación difícil, que conduciría a la organización de una expedición que, mandada por Riego, salió el 27 de enero para extender la revolución por Andalucía. Esta acción, unida a otras anteriores sobre El Puerto de Santa María, contribuyó a aumentar su prestigio.

Que transcurriesen las semanas sin que las fuerzas realistas fuesen capaces de someter a los rebeldes que ocupaban San Fernando ni derrotar a las tropas de Riego, que proclamaban la Constitución por Andalucía, permitió que corriesen por España y por el extranjero todo tipo de rumores sobre sus éxitos, muchas veces exagerados. Es lógico que tuviesen especial impacto en Asturias. Los Riego eran una familia hidalga influyente, tradicionalmente representada en la Junta General del Principado, y un hermano suyo era canónigo de la catedral de Oviedo. Al lado de Rafael estaban el gijonés Evaristo San Miguel y otros oficiales asturianos. Los antiguos miembros de las Juntas de la Guerra de la Independencia y los numerosos oficiales retirados tuvieron que sentir es-

---

[5] Así la llama Rodríguez Busto en sus memorias, así se consideraba ella, según se desprende de sus actuaciones, y la consideraron las Cortes, aunque en el manifiesto de julio se define como Junta Superior Gubernativa, en los primeros de marzo lo había hecho como Junta a secas y en una exposición del 22 de ese mes, dirigida a la provisional de Madrid, como Junta Provisional de Gobierno de Asturias. Rodríguez Busto, José, *Apuntes biográficos de don José Rodríguez Busto*, Madrid, Imprenta de Julián Peña, 1856, p. 13. Los manifiestos y la exposición son los citados en las páginas siguientes.

pecialmente el fusilamiento en 1815 del general Juan Díaz Porlier, que había luchado durante aquellos años en el principado y estaba casado con una hermana del conde de Toreno. Personalidades como el propio conde o Álvaro Flórez Estrada estaban en el exilio, otras, como Agustín Argüelles y José Canga Argüelles, encarceladas. Es indudable que sus amigos y familiares y el núcleo liberal constituido en la época de la resistencia contra Napoleón tenían que seguir con atención las fragmentarias y distorsionadas noticias que llegaban por medio de los viajeros y del correo y estaban dispuestos a sumarse a la rebelión a la mínima posibilidad de éxito.

En A Coruña, la ciudad que primero había respondido al llamamiento de los sublevados de Andalucía y el 21 de febrero había creado una Junta, que extendería pronto su poder a todo el reino de Galicia, se encontraba, como fiscal de la Audiencia, José María García del Busto, que se convertiría en uno de los vocales del nuevo órgano de poder revolucionario. Sin duda, el magistrado ovetense influyó en que, como había hecho a la inversa la Junta asturiana doce años antes, una de las primeras decisiones de la gallega fuese enviar a un emisario al vecino principado para extender la rebelión.

El enviado de la Junta gallega era Manuel de la Pezuela, un oficial que había participado en el pronunciamiento de Porlier y había sido liberado de la prisión el 21 de febrero. Llegó el 27 a Oviedo y se reunió con varias personas de ideas liberales. Es posible que existiese algún núcleo de conspiradores relacionado con la masonería política, como aseveró después la justicia absolutista, pero no hay testimonios de los protagonistas que permitan confirmarlo[6]. En la tarde del 28 se celebró una reunión en las afueras de la ciudad en la que participaron estudiantes, algunos oficiales en activo y otros retirados del ejército, empleados y jóvenes de diversa condición. Parece que ese día ya hubo algunas manifestaciones públicas de estudiantes en las calles y en la universidad[7] y que fue detenido un estudiante, Francisco Pérez Villamil, que había disparado con una pistola contra la ronda. Villamil fue llevado al edificio de la Audiencia, donde estaban reunidas las autoridades, que lo dejaron marchar con la condición de que comunicase a los insurrectos el buen trato que había recibido, signo inequívoco de la poca convicción que tenían de su capacidad de restablecer el orden.

En la mañana del 29, un numeroso grupo de estudiantes y paisanos, a los que se sumaron algunos oficiales retirados del ejército, marchó hacia el cuartel del regimiento de milicias provinciales, que contaba con escasa guarnición. Los sargentos y cabos intentaron ofrecer alguna resistencia, pero fueron arengados por el sargento mayor, comandante accidental del regimiento, Ramón Julián Muñiz, y se unieron a los manifestantes, que se apropiaron de las armas disponibles. De allí se dirigieron al parque de artillería, mientras el pueblo se

---

[6] Rodríguez Busto, José, *o. c.*, p. 39.

[7] *El Español Constitucional*, 21, Londres, mayo de 1820, pp. 387-388. Un relato algo más extenso, pero parecido al del periódico londinense, aunque escrito algunos años después y no cuando acababan de producirse los acontecimientos, en Madoz, Pascual, *Diccionario Geográfico-Estadístico-Histórico de España. Asturias*, Valladolid, Ámbito, 1985 [1845-1850].

sumaba a la comitiva, y aclamaron como comandante general al coronel Ramón de la Pola, director de las fábricas de armas de la provincia; con él al frente, se encaminaron a las casas del regente de la Audiencia, donde estaba reunido el tribunal, y del gobernador y obligaron a todas las autoridades a jurar la Constitución[8].

Ese mismo día se creó una Junta de Gobierno que, en un proceso similar al de 1808, sería aclamada, pero no elegida por el pueblo[9]. Los integrantes de la constituida el 25 de mayo de 1808 habían sido designados por el comité de patriotas, encabezado por García del Busto, que preparó el levantamiento y sus nombres leídos a la multitud[10], ahora habían circulado varias listas, pero no todos los propuestos aceptaron. Finalmente, tendría 10 miembros, incluido el presidente, a los que se sumaría otro en abril.

En Gijón el levantamiento sería también popular. Ya había aparecido en las calles un pasquín favorable al restablecimiento de la Constitución el 14 de febrero, por lo que la Audiencia abrió diligencias y recomendó al ayuntamiento que tomase medidas para conservar el orden. Las noticias de lo sucedido en Oviedo llegaron pronto, en la noche del 29 los jueces primero y segundo habían hecho rondas para vigilar que no se alterase el orden público y el día 1 de marzo se reunió el ayuntamiento para adoptar medidas con ese fin, pero no pudo evitar que el pueblo exigiese que también allí se proclamase la Constitución[11].

El día 3, el juez primero (alcalde), José García Rivero, realizó una dramática convocatoria a los miembros de la corporación municipal: "El estado de conmoción en que se halla el pueblo requiere que los señores vocales y más individuos de Ayuntamiento se presenten todos en estas casas consistoriales inmediatamente (subrayados en el original) a fin de contribuir y procurar cada uno por su parte la tranquilidad pública tan recomendable en todas las ocasiones, y siendo la situación en que nos hallamos de las más críticas se espera su asistencia para obrar con el acierto que se desea. Son las dos de la tarde"[12].

A la reunión asistieron los comandantes de armas, marina y artillería, que se ausentaron tras ofrecerse a colaborar en la conservación del orden "sin mezclarse en otra cosa". Es decir, que no se opondrían a proclamar la Constitución, aunque tampoco tomaban la iniciativa. También acudió el cura párroco. El

---

[8] *Manifiesto de la Junta Superior Gubernativa de Asturias creada por el pueblo en 29 de febrero de 1820 para restablecer la CONSTITUCIÓN política de la Monarquía Española sancionada en Cádiz en 1812,* Oviedo, Oficina de D. Francisco Pérez Prieto, 1820, p. 8. Colección: 442. Bca. de A. García Oliveros. Signatura: Ast G.O. A-1-15(7). Biblioteca de Asturias "Ramón Pérez de Ayala", Oviedo.

[9] El manifiesto de la Junta afirma que se creó el mismo día 29, aunque José Rodríguez Busto, que ese día no estaba en Oviedo, reitera que "ni se nombró ni se instaló hasta el 1.º de marzo". *Manifiesto de la Junta Superior Gubernativa de Asturias..., o. c.,* p. 8 (su título ya es suficientemente indicativo); Rodríguez Busto, José, *o. c.,* p. 44. El acuerdo de las Cortes de 18 de octubre de 1820, que expresaba la gratitud de la patria a los miembros de las juntas y los recomendaba al Gobierno para que tuviesen preferencia, a igualdad de méritos, para ocupar cargos públicos, también señala que la de Oviedo se había constituido el 29 de febrero. *Gaceta del Gobierno,* 6 de noviembre de 1820.

[10] Carantoña Álvarez, Francisco, *Revolución liberal y crisis de las instituciones tradicionales asturianas,* Gijón, Silverio Cañada Editor, 1989, pp. 72-89.

[11] Archivo municipal de Gijón (AMG), Actas del ayuntamiento, 1820, 1 de marzo.

[12] AMG, Actas 1820, 3 de marzo.

procurador general, Toribio Junquera Huergo, apoyándose en la actitud de los militares y en que el pueblo estaba congregado en la plaza "en expectativa de la publicación de la Constitución habiendo ya soltado porción de voladores", propuso que se hiciese de la manera más solemne que fuese posible. Aunque algunos regidores dejaron constancia de que la decisión se tomaba por miedo a los incidentes que pudiera provocar una negativa, se acordó por unanimidad publicar de forma inmediata la Constitución. El pueblo amotinado forzó que se hiciese por las calles de la ciudad, a tambor batiente y con desfile de las tropas, además de leerse públicamente la proclama que la Junta provincial había publicado el día 1[13].

La sentencia de la Audiencia de Asturias contra los acusados de protagonizar el levantamiento de Oviedo, dictada en 1827, corrobora el carácter civil de la sublevación de la capital asturiana y el relevante papel de los estudiantes. Once personas fueron condenadas a muerte: tres militares en activo –el coronel Ramón de la Pola; Ramón Julián Muñiz, mayor del regimiento provincial, y el teniente coronel Rafael Castañón, capitán del mismo regimiento–, tres oficiales retirados –uno de ellos, Pedro Álvarez Celleruelo, era profesor de la universidad–, tres estudiantes –uno era Francisco Pérez Villamil– y un comerciante, Ramón Gil Couder. La última, Manuel Rodríguez Valentín, era abogado, aunque quizá fuese también estudiante en 1820[14]. Otras 28 serían condenadas a penas de prisión, 26 de ellas eran estudiantes, las otras dos un oficial retirado y un sastre[15].

La Junta, aunque presidida por un militar, Ramón González de la Pola del Busto, sería también mayoritariamente civil. La componían en marzo José Saavedra, como vicepresidente, José Argüelles Meres, Pedro Álvarez Celleruelo, Ramón Gil Couder, José Rodríguez Busto, Juan Díaz Laviada, José María Menéndez, Pedro Pascasio Rodríguez Valdés y Juan Argüelles Toral como secretario. A ellos se unió el 18 de abril otro militar, el coronel José María Peón y Mier, colaborador de Porlier, que en 1815 había logrado huir a Portugal y posteriormente exiliarse en Francia[16].

Todos eran personalidades conocidas y la mayoría había participado, de una u otra manera, en la Guerra de la Independencia: José Saavedra era un propietario y abogado, que había sido vicepresidente de la Junta constituida en 1811; José Argüelles Meres, también hacendado, había sido procurador de la tercera Junta de 1808; Pedro Álvarez Celleruelo, doctor en cánones, profesor de la universidad, había pertenecido a las primeras Juntas de 1808 y desarrollado un destacado papel durante la guerra, por lo que logró el grado de coronel; Rodríguez Busto, Díaz Laviada, Menéndez, Rodríguez Valdés y Argüelles

---

[13] AMG, Actas 1820, 3 de marzo.

[14] Santullano, Gabriel, *Del hierro y del fuego*, Vol. II, *Nómina de represaliados*, Gijón, Ateneo Obrero, 2001, pp. 255-256.

[15] *Expediente sobre la rebelión ocurrida en Oviedo en los días 28 y 29 de febrero de 1820 por Ramón de la Pola, coronel de Artillería, y otros*, Archivo de la Real Chancillería de Valladolid, Gobierno de la Sala del Crimen, caja 54,2.

[16] *Manifiesto de la Junta Superior Gubernativa de Asturias...*, o. c., p. 36.

Toral eran abogados, este último, de reconocido prestigio, había sido secretario de la primera Junta de 1808. José María Peón era militar de carrera, había ascendido a coronel por méritos durante la guerra y en 1815 estaba destinado en A Coruña, donde se había unido al pronunciamiento de Porlier. Ramón Gil Couder puede ser definido como miembro de la burguesía, pertenecía a una familia de comerciantes de origen francés, varios de sus familiares fueron también liberales. Predominan, por tanto, los hombres de leyes –siete, seis de ellos abogados–, solo hay dos militares y un comerciante. No hay nobles titulados, pero la mayoría, quizá todos salvo Couder, eran hidalgos[17].

Esta composición de la Junta difiere de la hasta ahora conocida, que era la facilitada por Fermín Canella, que incluía entre sus miembros a un aristócrata, el marqués de San Esteban del Mar, y a un sacerdote y omitía a José María Peón[18]. En un manifiesto que publicó la Junta el día 2 de marzo aparecen las firmas del presidente y seis vocales: Juan Armada, marqués de San Esteban; Argüelles Toral; Argüelles Meres; Álvarez Celleruelo; Gil Couder y Rodríguez Valdés. Rodríguez Busto, Díaz Laviada y Menéndez todavía no se habían incorporado, lo hicieron el día 5, y el marqués la abandonaría poco después[19]. Como indica la propia Junta, hubo personas propuestas "que o con escusas poco dignas, o por motivo de indisposiciones de más o menos gravedad, trataron de eximirse de tan honroso encargo"[20]. Es probable que el marqués no alegase uno de esos motivos, sino que la dejase tras ser elegido regidor del ayuntamiento constitucional de Oviedo, lo cierto es que el sacerdote no debió llegar a incorporarse y Armada fue vocal por poco tiempo.

Un hecho significativo es que la Junta sufrió presiones para que aceptase ser sustituida por la General del Principado, como había sucedido en mayo de 1808. Sin embargo, las circunstancias eran distintas y esta vez el relevo no se produjo. Como bien señaló la propia Junta: "lo deseaba la clase de los que podrán llamarse aristócratas, por reunir en sí de esta manera casi el total de los sufragios"[21]. En 1808 el levantamiento, que se había producido contra una intervención extranjera, unía a absolutistas, ilustrados reformistas y liberales en defensa de la libertad o independencia de España, en 1820 se trataba de restablecer la Constitución derogada por Fernando VII en 1814 y los enemigos eran los españoles partidarios del rey "neto" y del Antiguo Régimen.

La Junta General del Principado estaba integrada por representantes de los concejos, pero, independientemente de la discriminación que sufrían las

---

[17] Para las biografías de la mayoría de los miembros de la Junta véase Santullano, Gabriel, *o. c.* Para la de José María Peón, Martín-Lanuza, Alberto, *Diccionario biográfico de los coroneles del ejército español. Reinados de Carlos IV y Fernando VII (1788-1833)*, Tomo III, Navarra, FEHME, 2022, pp. 42-43. Sobre Ramón de la Pola, Martín-Lanuza, Alberto, *Diccionario biográfico del generalato español. Reinados de Carlos IV y Fernando VII (1788-1833)*, Madrid, FEHME, 2012, p. 717.

[18] Canella, Fermín, *El libro de Oviedo*, Oviedo, Imprenta de Vicente Brid, 1887, p. 78; *Representación asturiana administrativa y política desde 1808 a 1915*, Oviedo, Imprenta de Flórez, 1915, p. 30.

[19] *Manifiesto de la Junta creada en la ciudad de Oviedo al Principado de Asturias, y a toda la Nación*, Madrid, Imprenta de Repullés, 1820; Rodríguez Busto, José, *o. c.*, p. 44.

[20] *Manifiesto de la Junta Superior Gubernativa de Asturias…, o. c.*, p. 9.

[21] *Manifiesto de la Junta Superior Gubernativa de Asturias…, o. c.*, p. 19.

llamadas "obispalías", antiguos señoríos, no era democrática porque en casi todos elegía el ayuntamiento, integrado por regidores perpetuos, no los vecinos, y el dominio caciquil de determinadas familias de nobles hacendados era notorio. Además, para ser apoderado de un concejo se exigía ser noble, mayor de 25 años y vecino, regidor o hacendado del mismo, de ahí que la Junta revolucionaria la definiese como aristocrática[22].

Por otra parte, a la minoría ilustrada y liberal le había costado en 1808 lograr que Jovellanos fuese elegido representante de Asturias en la Junta Central y había tenido que acceder a que se adoptasen en la Junta General acuerdos favorables a la hidalguía hacendada, además de ver cómo se rechazaban propuestas progresistas como la libertad de imprenta[23]. Ahora, los liberales no estaban dispuestos ceder el poder a una institución que tenía más de oligárquica que de democrática.

La Junta se constituyó de forma solemne el día 1 de marzo, en un acto al que asistieron los jefes militares y los miembros del ayuntamiento de Oviedo, y los vocales presentes juraron la Constitución. Ese mismo día, publicó una proclama en la que salvaba la figura del rey, que hubiese jurado la Constitución en 1814 "si una caterva de infames aduladores no le hubiese cercado desde el momento mismo en que pisó nuestro suelo". También explicaba los motivos de la rebelión: "Asturianos vosotros lo sabéis, como el resto de la Nación, ¿Qué es hoy de la agricultura? ¿Qué del comercio? ¿Qué de las artes, que con asombro veíamos florecer bajo el Gobierno constitucional? Acabó aquel y todo pereció. La parte ilustrada del Estado lo conocía, y lo lloraba en secreto. Veía caminar la Nación a su ruina total, y esperaba con ansia el día en que la Nación misma lo conociese. Llega por fin. Nuestros heroicos militares han clamado en Andalucía: Cortes, Constitución, Rey Constitucional. Los pueblos les responden generosamente y todos claman con ellos, Cortes, Constitución, Rey Constitucional. Así grita la misma Andalucía, así Cataluña, así Galicia; y así también Asturias imitando su ejemplo"[24].

Para normalizar el funcionamiento institucional, nombró jefe político a Manuel María de Acevedo, que ya lo había sido en 1812-1814 y sería ratificado en marzo por el Gobierno. Primo de Flórez Estrada, era un liberal moderadamente progresista, ideológicamente más cercano a Agustín Argüelles[25]. También envió a Coruña al coronel Rafael Castañón, para comunicarle a la Junta gallega el triunfo de la revolución en el principado y pedirle municiones y cañones, que recibió al poco tiempo por mar.

Que los constitucionales se hubiesen hecho con el poder en Oviedo y Gijón no les garantizaba ni el control de toda la región ni la seguridad de no ser ata-

---

[22] Carantoña Álvarez, Francisco, *Revolución liberal y crisis de las instituciones tradicionales, o. c.*, pp. 32-54.
[23] Carantoña Álvarez, Francisco, "Soberanía y derechos constitucionales: la Junta Suprema de Asturias (1808-1809)", *Trienio*, 55 (2010), pp. 5-55.
[24] AMG, Actas 1820, copia manuscrita. *El Español Constitucional*, 20, Londres, abril de 1820, pp. 308-309.
[25] Carantoña Álvarez, Francisco, "Manuel María de Acevedo, un liberal moderadamente progresista con tardía leyenda de radical", *Investigaciones Históricas, época moderna y contemporánea*, Extraordinario II (2024), pp. 217-238. DOI: https://doi.org/10.24197/ihemc.O.2024.217-238

cados desde León o Cantabria. Se reunió al regimiento de milicias, cuyos hombres habían sido convocados previamente para que se dirigiesen a Galicia a apoyar a las fuerzas realistas del conde de San Román, y se crearon un cuerpo literario –integrado por estudiantes y mandado por Pedro Álvarez Celleruelo– y una compañía de voluntarios constitucionales, con militares retirados y civiles que se ofrecieron. Así, la Junta pudo enviar pequeñas unidades a los concejos, para que proclamasen en ellos la Constitución, y situar algunas en los puntos fronterizos del sur y del este. También entregó armas a patriotas santanderinos.

La noticia de que el rey había jurado la Constitución el 9 de marzo llegó a Asturias el día 13 y aceleró el retorno a la normalidad institucional, la Junta lo celebró con un solemne tedeum. Con rapidez se realizaron elecciones municipales –el 29 de marzo se constituyó el nuevo ayuntamiento constitucional de Oviedo y el 2 de abril el de Gijón– y el 22 de marzo se creó la primera Sociedad Patriótica de la región en la ciudad de Oviedo.

La Junta asturiana fue una de las pocas que se mantuvieron hasta la reunión de las Cortes. Solo tuvieron ese privilegio las que se habían creado antes de que en su provincia se conociese que Fernando VII había jurado la Constitución. El movimiento juntero fue más débil que en 1808[26] y, como sucedería en todas las revoluciones posteriores, las autoridades o los militares pronunciados –en este caso el rey y la Junta Provisional Consultiva creada en Madrid– evitaron que pudiera llegar a formarse una Junta Central. La Junta asturiana se había mostrado partidaria de crearla o, en todo caso, de que sus opiniones fuesen tenidas en cuenta por la provisional consultiva de Madrid. El 22 de marzo le dirigió a esta una exposición en la que, después de elogiar la actuación de las "Juntas Supremas provinciales" –la denominación es significativa–, afirmaba: "si el sistema se ha de plantificar con gloria, y los agravios y males sufridos se han de reparar de una manera decorosa a Su Majestad y satisfactoria para la Nación, es preciso que Vuestra Excelencia conozca su voluntad y sus deseos por medio de las Juntas que ha establecido, poniéndose en comunicación con ellas y constituyéndose en órgano suyo para con el Monarca". En un acto de afirmación de su soberanía, rechazaba el retiro de las tropas movilizadas a sus antiguos destinos[27].

En cualquier caso, mantuvo contacto permanente con las que fueron reconocidas con igual categoría –San Fernando, Galicia, Aragón, Cataluña y Navarra–, y con varios jefes políticos y diputaciones provinciales. Envió también un representante a Madrid para que sirviese de enlace con la consultiva, el canónigo Ramón de Llano Ponte[28]. Llano Ponte, hermano de Nicolás, el general que había resistido al levantamiento coruñés, era uno de los canónigos liberales del cabildo de la catedral de Oviedo. Había jugado un relevante papel durante la Guerra de la Independencia, tanto en el levantamiento como en la Junta, y,

---

[26] Moliner Prada, Antonio, "Las Juntas durante el Trienio Liberal", *Hispania*, 195 (1997), pp. 147-181.
[27] Reproducida íntegra en Fernández Pérez, Adolfo y Friera Suárez, Florencio (coords.), *o. c.*, pp. 659-661
[28] *Manifiesto de la Junta Superior Gubernativa de Asturias…, o. c.*, pp. 26-27.

como emisario asturiano al frente de un contingente militar, había sido decisivo para impulsar la sublevación de León en 1808. Una vez más, surge la vinculación con el levantamiento contra Bonaparte.

Aunque la toma del poder por los liberales había encontrado muy poca resistencia y pudo realizarse sin que se produjesen víctimas, la Junta insiste en su extenso manifiesto de julio en que tuvo que hacer frente a una insidiosa campaña de los realistas, lo que la obligó a nombrar a un oficial del ejército, el capitán Ramón Capalleja, como una especie de juez de instrucción excepcional para que persiguiese a los conspiradores realistas. Al parecer, su simple nombramiento fue disuasorio[29]. También presionó al obispo y a la Audiencia para que publicasen el primero una pastoral y el tribunal un manifiesto en favor de la Constitución. El prelado era Gregorio Ceruelo de la Fuente, antiguo diputado *persa* que, por haber estampado su firma en el manifiesto realista, había sido premiado por Fernando VII con la mitra ovetense en 1815, era entonces canónigo de la catedral de Palencia.

La Junta también intentó atraerse a la opinión pública con dos medidas tributarias, aunque menores dada la situación de la hacienda regional: suprimió los impopulares derechos de puertas y los acopios forzados de sal por parte de los pueblos, a los que se permitió aprovisionarse solo de la que necesitasen. El descontento por la presión fiscal había sido una de las causas del malestar que facilitaría la llegada de los liberales al poder, pero las reformas que estos implantarían no lograron aplacarlo.

La Junta asturiana puede definirse como moderada en tanto que no era radical, pero sí fue claramente liberal y partidaria de la Constitución. Su compromiso con el texto aprobado en 1812 no ofrece dudas. Su actuación puede considerarse en ese sentido impecable, igual que la gestión de los fondos públicos, por la que no recibió reproches ni siquiera en la reacción de 1823. Como casi todas las creadas desde 1808, tuvo como una de sus principales preocupaciones el mantenimiento del orden público, tanto por temor a posibles revueltas realistas como por miedo a una hipotética radicalización popular que amenazase a los propietarios. Es una constante en un liberalismo que se legitima en el pueblo, pero, a la vez, lo teme.

Las Cortes, en una sesión en la que se destacó su papel en el triunfo de la revolución, le agradecieron que no hubiese realizado ascensos militares y que solo propusiese que se tuviesen en cuenta los méritos de los que se habían sumado al levantamiento: "La comisión de premios, enterada de la gracias y recompensas que la Junta gubernativa de Asturias solicita de las Cortes para el cuerpo militar literario de Oviedo y demás individuos militares que se han distinguido en el feliz levantamiento de aquella provincia, desde luego reconoce que a su decisión y notorio celo por la causa de la libertad se debe el haberse proclamado la Constitución en dicha provincia a pocos días de haberlo verificado la de Galicia, lo que tan directamente contribuyó a la gloriosa restauración del sistema constitucional. El cuerpo literario fue el primero que dio la voz de su

---

[29] *Manifiesto de la Junta Superior Gubernativa de Asturias…, o. c.,* p. 25.

proclamación, con firme propósito de defenderla a costa de su vida, y esta consideración le hace muy digno de las recompensas que le ha prometido la Junta en el segundo día de su instalación, como asimismo muy acreedores de la gratitud de la Patria todos los demás que se prestaron voluntariamente a sostenerla antes del 14 de Marzo, en que se supo la decisión de S.M. por la misma causa.

La Junta gubernativa de Asturias, aunque pudiera antes del 14 de Marzo, ejerciendo la soberanía, conferir empleos militares, se limitó a prometer a los individuos del cuerpo literario el ascenso a la clase de oficiales, declarando ejercidos por vía de comisión los militares que se vio precisada a conferir, y aun los dados por nombramiento popular; más esta misma delicadeza y moderación de la Junta podrá servir de nueva consideración para que el Congreso ratifique las gracias prometidas al cuerpo literario, confirme los destinos militares ejercidos por nombramiento popular o de la Junta antes del referido día 14 de Marzo, y acceda a las recomendaciones que además hace la misma Junta de los que han tenido gran parte en el levantamiento de aquella provincia"[30].

La propuesta encontró el apoyo de exaltados como el asturiano Álvaro Flórez Estrada y de Bartolomé Gutiérrez Acuña y el rechazo de moderados como Ramón Sánchez Salvador y Francisco Martínez de la Rosa, que afirmó que "en las grandes revoluciones de los Estados es menester poner un término a los castigos, lo mismo que a las recompensas". Finalmente, a propuesta de otro asturiano, el conde de Toreno, se acordó aprobar el curso a los estudiantes que habían formado parte del batallón literario y "que en atención a los servicios patrióticos de los individuos de que hace mención el dictamen de la comisión, se les manifieste de parte de las Cortes su debido reconocimiento por tan distinguidos servicios, y se les recomiende al Gobierno"[31]. Independientemente del acuerdo, es interesante que los diversos oradores reconociesen el carácter soberano de la Junta asturiana, lo que suponía establecer un nuevo paralelismo con 1808 y, de hecho, considerar ilegítimo el gobierno absoluto de Fernando VII. Sorprende, por otra parte, que, existiendo incluso un reconocimiento explícito de las Cortes sobre lo temprano del levantamiento asturiano y su relevancia, tantos historiadores se hayan limitado a repetir la secuencia de sublevaciones del marqués de Miraflores y se hayan "olvidado" de Asturias[32].

---

[30] *Diario de sesiones de las Cortes* (DSC), 93, 5 de octubre de 1820, pp. 1419-1420.

[31] *DSC*, 104, 16 de octubre de 1820, pp. 1676-1678.

[32] La sucesión de levantamientos que, según Miraflores, se iniciaba en Las Cabezas y continuaba con Galicia, Zaragoza, Cataluña, Pamplona y Enrique O'Donnell en Ocaña, reproducida por Modesto Lafuente, se convirtió en canónica y, aunque sí mencionasen a Asturias San Miguel, en su poco consultadas *Observaciones sobre la Historia Moderna del siglo XIX*, Fernández Martín, en su *Derecho Parlamentario Español*, y Artola, en *La España de Fernando VII* –en los tres casos se trata de escuetas menciones–, todavía en el siglo XX y algunas obras del XXI permanecerá el incomprensible olvido sobre el que puede considerarse uno de los más relevantes. Miraflores, marqués de (Pando, Manuel), *Apuntes histórico-críticos para escribir la historia de la revolución de España, desde el año 1820 hasta 1823*, Londres, Oficina de Ricardo Taylor, 1834, pp. 29-46. San Miguel, Evaristo (atribuido), *Observaciones sobre la Historia Moderna del siglo XIX, desde la Guerra de la Independencia hasta la caída del Gobierno Constitucional en 1823*, Castellón, Oficina de Gutiérrez, 1835, p. 40; Fernández Martín, Manuel, *Derecho Parlamentario Español*, Tomo 3, Madrid, Establecimiento Tipográfico Hijos de J. A. García, 1900, p. 792; Artola, Miguel, *La España de Fernando VII*, Madrid, Espasa Calpe, 1978, p. 653.

Como en el principado no se restableció provisionalmente la Diputación constitucional de 1813-1814, la Junta ejerció como única corporación provincial hasta que fue elegida la nueva, con la que conviviría hasta el 13 de julio. Además de las tareas destinadas a crear una fuerza armada y de gestión que se han mencionado, tuvo iniciativas para fomentar el espíritu patriótico, como la edición de un periódico o la colaboración en la organización de tres días de conmemoración por Félix Álvarez Acevedo –el héroe de la insurrección gallega, muerto el 9 de marzo en Requejo, Zamora, cuando perseguía a los realistas– y las víctimas de Cádiz –por las que también se haría una cuestación–, promovidos por la sociedad patriótica. El 26 de abril se celebró una misa solemne en la iglesia de Santo Domingo de Oviedo, oficiada por tres canónigos, uno de ellos Miguel del Riego, en la que pronunció un sermón Isidro Suárez del Villar, arcediano de Tineo. El sermón fue después impreso y probablemente contribuyó a que el obispo Ceruelo privase, el 19 de abril, a Suárez del Villar[33].

La importancia del levantamiento asturiano de 1820 no reside tanto en la amenaza que en sí mismo podría representar para el régimen absolutista, sino en que es un eslabón de la cadena que permite definir a los sucesos de ese año más como una revolución que como un simple pronunciamiento, especialmente por su carácter estrictamente civil. También destaca por la creación de una Junta soberana y porque es un buen ejemplo de la importancia de la memoria de 1808 y de la etapa constitucional anterior. Aunque su triunfo animó, sin duda, a los revolucionarios gallegos y evitó que el regimiento de milicias provinciales pudiese unirse a las fuerzas realistas del conde de San Román, el principado carecía de una guarnición militar importante y las reducidas fuerzas armadas de que llegó a disponer la Junta, parte de ellas inexpertas, quizá hubiesen podido extender la sublevación a León, pero solo porque allí los oficiales del regimiento provincial eran proclives al restablecimiento de la Constitución[34]. Otra cosa es que la noticia de que también Asturias se había sublevado influyese en el rey y en la corte y contribuyese a la decisión de restablecer la Constitución de 1812.

En cuanto al apoyo popular, se trata de un levantamiento urbano, como también lo habían sido los de 1808, que se produce en Oviedo y en Gijón, con un protagonismo notable de estudiantes y, probablemente, de lo que podríamos denominar clases medias. Cuando las fuentes hablan del "pueblo" resulta difícil tanto cuantificar el número de manifestantes o amotinados como establecer su condición social –aunque en este caso se conoce el protagonismo de los estudiantes universitarios en Oviedo–, pero, como en Galicia, lo que no existió fue resistencia popular al restablecimiento del sistema liberal. La composición de

---

[33] Sanz Testón, Gloria, "Isidro Suárez del Villar", *Trienio*, 37 (2001), pp. 63-86; Dufour, Gérard, (Estudio preliminar y presentación) *Sermones revolucionaros del Trienio Liberal (1820-1823)*, Alicante, Instituto de Cultura Juan Gil Albert, 1991, pp. 72-84.

[34] Carantoña Álvarez, Francisco, "El reinado de Fernando VII (1808-1833)", en Francisco Carantoña Álvarez (dir.), *La Historia de León*. Vol. IV *Historia Contemporánea*, León: Universidad de León 2000, pp. 106-163.

la Junta, con mayoría de hombres de leyes de origen noble y algún hacendado y comerciante, es acorde con las características de la sociedad asturiana de principios del siglo XIX.

III. La implantación del nuevo sistema, entre la fiesta y la desconfianza

En una obra que ya puede definirse como clásica, Mona Ozouf explicó la importancia de la fiesta en la revolución francesa: "la fiesta se convierte, entonces, en indispensable complemento del sistema de legislación. Porque el legislador hace leyes para el pueblo, pero es la fiesta la que hace al pueblo para las leyes. Michel Foucault afirma que las dos grandes experiencias míticas del siglo XVIII son el ciego de nacimiento que es llevado a la luz y el espectador extranjero arrojado a un mundo desconocido. Podríamos añadir el individuo convertido en ciudadano merced a la fiesta". Pero la fiesta no solo moviliza al pueblo y permite que se identifique con la revolución, también educa: "las fiestas son o bien un complemento o bien un sustituto de la educación. [...] Las escuelas se encargan de la instrucción pública, las fiestas de la educación nacional"[35].

En España, ya en el primer periodo constitucional, pero sobre todo en el Trienio, la fiesta posee esas mismas funciones, que no son las únicas que explora Ozouf, y notables similitudes simbólicas y formales con las francesas, aunque también diferencias. Una característica común a todas las españolas, al menos a las promovidas por instituciones, es que incluyen misa y/o tedeum. Por supuesto, no las habrá dedicadas al Ser Supremo o a la diosa Razón. En cualquier caso, los desfiles de militares y milicianos, la simbología con referencias clásicas, la combinación del carácter festivo, en el que aparecen rasgos tradicionales, con el didáctico y la búsqueda de la participación popular y su identificación con los nuevos valores e instituciones están presentes.

Ya vimos que la noticia del triunfo revolucionario en Oviedo había sido acogida en Gijón con el lanzamiento de voladores, después se exigió la incorporación del tambor y el desfile de tropas a la proclamación, pero donde se organizó una gran fiesta pública para realizar el juramento colectivo de la Constitución fue en Oviedo. La magnitud de los festejos y la necesidad de conseguir suficiente financiación retrasaron los actos hasta el mes de julio. Finalmente, se extendieron durante cinco días.

Comenzaron con la celebración, el 13 de julio, del solemne juramento del rey ante las Cortes, que se había producido el 9, aunque la confirmación no se conoció en la capital asturiana hasta la mañana de ese día, parece que fue recibida con el lanzamiento de voladores. Previo repique de campanas de las iglesias de la ciudad, a las 10:30 se cantó un tedeum en la catedral, con presencia de las autoridades, el obispo y el cabildo, que fue seguido de salvas de artillería, el lanzamiento de cohetes y música. Por la tarde hubo una recepción

---

[35] Ozouf, Mona, *La fiesta revolucionaria, 1789-1799*, Zaragoza, PUZ, 2020 [1976], pp. 19 y 287.

en el ayuntamiento y por la noche iluminación. Durante todo el día se cantaron himnos y canciones patrióticas[36].

El día 29, a las 12 del mediodía, entre el repique de campanas, música y fuegos artificiales, se descubrió un retrato de Fernando VII, situado, bajo un dosel, en un tablado frente al consistorio. Por la tarde se desarrolló una procesión cívica, con salida y llegada en la plaza de la Constitución, encabezada por el cuerpo de literarios y tropas del regimiento provincial, con música y tambores, seguían los gremios y, en tercer lugar, doce niños danzantes, escoltados por otra docena de literarios. Tras ellos, los maceros municipales y el ayuntamiento. Seguiría a la corporación una carretela, en la que iban un niño que representaba a la patria y dos genios, y cerraban la comitiva las principales autoridades civiles y militares, a caballo, escoltadas por soldados. La Constitución sería publicada en la plaza de la catedral, donde también se colocó un tablado, y, de nuevo, delante del ayuntamiento. Las autoridades y el "niño de la patria" subieron después al balcón de la casa consistorial y, tras la danza de los niños, pronunció un discurso el "niño de la patria" y se descubrió la placa que renombraba la plaza como de la Constitución. Culminaría el acto con repique de campanas, fuegos artificiales, salvas de artillería –situada en la vecina plaza del Fontán– y música. Por la noche hubo iluminación de la ciudad.

El día 30 se celebrarían una misa solemne y el juramento y un tedeum en la catedral, con salvas de artillería y desfile de tropas. Por último, el 31 cerró los festejos un baile en el teatro, que comenzó a las 10 de la noche. En la organización del baile no se reparó en gastos. La fachada del edificio, ubicado en la plaza del Fontán, fue transformada para situar ante ella un jardín versallesco, con una fuente central y zonas de paseo. En el interior se pintó un mural, con un paisaje enmarcado en columnas dóricas y del techo colgaba una gloria con el texto de la Constitución. La concurrencia fue tan grande que numerosas personas quedaron fuera, por lo que el jefe político tuvo que comprometerse a repetirlo al día siguiente, por lo que los festejos se prolongaron hasta el 1 de agosto[37].

Las fiestas cívicas eran numerosas. Era obligado conmemorar, el 19 de marzo, la proclamación de la Constitución de 1812; el 2 de mayo, el alzamiento de Madrid contra los franceses; el 30 de mayo, el día de San Fernando, onomástica del rey; el 24 de septiembre, la reunión de las Cortes de Cádiz y, el 1 de enero, el pronunciamiento de Riego. La organización podía corresponder a las instituciones o a las sociedades o tertulias patrióticas, aunque era frecuente que colaborasen. El 24 de septiembre de 1821 se celebró en Oviedo con actos institucionales por la mañana –el inevitable tedeum en la catedral, al que asistieron las autoridades en comitiva desde el ayuntamiento, y una parada militar en el campo de San Francisco, con salvas de artillería–, algo deslucidos por la lluvia, y por la tarde una fiesta en el patio de la universidad, organizada por la tertulia patriótica, con discursos, niños cantores y procesión final acompañada

---

[36] Aguilar, María Jesús, *La imagen del Trienio Liberal en Asturias*, Oviedo, Universidad de Oviedo, 1999, pp. 61-62. *El Universal*, 22 de julio de 1820.

[37] Aguilar, María Jesús, *o. c.*, pp. 72-75.

de la Milicia Nacional y de la banda de música del regimiento provincial. Hubo fuegos artificiales y colgaduras en los balcones de las casas. Por la noche se reprodujeron los cánticos y fuegos artificiales, pero el pueblo disfrutó también con "danzas y bailes del país"[38].

No solo la capital gozó de festejos, valga como ejemplo el de la villa de Grado, que el 6 de octubre de 1821 decidió colocar la lápida de la Constitución sobre el rollo –la picota– situado en el centro de la plaza, "que si hasta entonces era símbolo del despotismo, hoy es una columna que sostendrá para siempre el precioso monumento de nuestra independencia". Hubo discursos, cánticos y fuegos artificiales. "Grado se transportó por encanto en un país de delicias. Las damas jóvenes quisieron tener parte en esta función, y habiendo los [milicianos nacionales] voluntarios colocádose [sic] en derredor de la columna de nuestra libertad, se les sirvió por ellas una comida a lo espartano. El bello sexo bailó, cantó y entretuvo con sus gracias al inmenso pueblo que concurrió a disfrutar de tan sencillos regocijos. Por la noche después de una vistosa iluminación y mil señales de extraordinaria alegría, se concluyó en casa del juez de primera instancia con un hermoso baile que duró hasta las dos de la noche"[39]. No es fácil saber si la comida "a lo espartano" se denominó así por la vestimenta de las jóvenes damas, un menú de inspiración griega o por su austeridad.

Tampoco fueron raras las fiestas ocasionales, motivadas por acontecimientos políticos o la visita de personajes relevantes. La llegada de Rafael del Riego al principado en septiembre de 1820, tras su destitución como capitán general de Galicia y destino en Asturias de cuartel, fue memorable. Manuel María de Acevedo, el moderado jefe político, se consideró obligado a publicar el día 14 una proclama en la que edulcoraba la disolución el ejército de la Isla, que llegaba a atribuir ¡al peligro de epidemia de fiebre amarilla!, y lo sucedido en Madrid y atribuía los incidentes a perversos enemigos del sistema, para terminar con una llamada al mantenimiento del orden: "La tranquilidad ha sido restablecida en Madrid: no será turbada en Asturias, y sus fieles habitantes confiados en los Padres de la Patria, en un Gobierno ilustrado íntimamente unido con el actual sistema constitucional no darán oídos a sugestiones perversas, a discursos acalorados, a expresiones imprudentes, ni a pasajeros exaltamientos como lo espera de su carácter juicioso y leal su conciudadano y jefe político"[40].

Riego fue recibido en la mañana del día 19, en las afueras de Mieres, por comisionados de la sociedad patriótica ovetense y del ayuntamiento de la localidad. Allí se le ofreció una comida y continuó viaje hacia Oviedo, a donde llegó a las cinco de la tarde. "Toda la carretera en la longitud de casi una legua, estaba tan concurrida que parecía no haber quedado en la ciudad una sola persona". Fue acogido por la sociedad patriótica –su presidente, Felipe Argumosa Gándara, pronunció un discurso–, el jefe político y otras autoridades, acompañadas de militares y banda de música. Entre un inmenso gentío, que cantaba el

[38] *El Aristarco*, 29 de noviembre de 1821.
[39] *El Aristarco*, 3 de noviembre de 1821.
[40] *El Universal*, 3 de octubre de 1820.

himno compuesto en su honor, la comitiva se dirigió a la plaza de la Constitución, donde Riego habló a la multitud. De camino a su casa, una niña de cuatro años le entregó una corona cívica. No faltaron los voladores y la música, que se repitieron por la noche[41]. Acevedo pudo dormir tranquilo, no hubo alteraciones del orden. El 4 de octubre, el general se trasladó a Tineo para visitar a su familia, allí recibiría nuevos agasajos.

Si en septiembre de 1820 las autoridades se incorporaron al homenaje al héroe de las Cabezas organizado por la sociedad patriótica, un año después más bien sufrieron la celebración del día de San Rafael. Riego había sido destituido poco tiempo antes del cargo de capitán general de Aragón por el muy conservador Gobierno que encabezaban Feliú y Bardají y el grito de "¡Viva Riego!", o cualquier exaltación del héroe caído en desgracia, se habían convertido en subversivos para el ultramoderantismo en el poder. La tertulia patriótica decidió homenajearlo por su cuenta el 24 de octubre, día de su onomástica, y, tras los discursos, la música, los cánticos y las iluminaciones, el público salió a la calle y "concluyó con dar música a las autoridades con [canciones] patrióticas a las doce de la noche, retirándose las gentes a sus casas con la mayor tranquilidad y orden llenos de placer por haber dado a nuestro caudillo una prueba aunque en pequeño de su reconocimiento"[42]. No debió sentarles muy bien la serenata y es probable que de su indigestión se derivase el incidente que provocaría unas semanas después el jefe político en el teatro, cuando a un ciudadano se le ocurrió gritar el viva proscrito.

Fiesta privada, menos conflictiva, fue el homenaje que el diputado Álvaro Flórez Estrada recibió en enero de 1821 en Oviedo, durante una visita a la ciudad. Se organizó una comida en el teatro, con sesenta cubiertos, y, tras los brindis y canciones que cerraron el banquete, los asistentes salieron a la calle a bailar la danza prima con la letra del primer romance del *Romancero de Riego* y un estribillo adaptado a la ocasión: "Viva el asturiano Riego/ y el gran Padre de la Patria/ que eterniza nuestro suelo". El romance comenzaba: "De aquella corta provincia/ A cuyas altas montañas/ Se recogieran los restos/ En la pérdida de España/ Desde Don Pelayo/Salió luego a restaurarla". Asturias no solo había salvado a España en el siglo VIII, había vuelto a ser la primera en levantarse en 1808, "de Cádiz llevó la palma" en el debate constitucional y, en 1820, acudió Riego otra vez a libertarla. El mito de la Asturias invencible, salvadora de España, se fusionaba con la mitología liberal[43].

Si no hubo en 1820 signos de rechazo al sistema constitucional, salvo tres pequeños incidentes que se comentarán más adelante, tampoco el entusiasmo fue unánime y en algunas zonas rurales se manifestó cierta desconfianza ante el cambio de régimen. Cuando en Oviedo se organizó la jura de la Constitución en las parroquias, las autoridades se encontraron con una respuesta decepcio-

---

[41] Relato del periódico *El Ciudadano* reproducido en Astur, Eugenia, *Riego*, Oviedo, Junta General del Principado de Asturias, 1984 [1933], pp. 319-321.

[42] *El Aristarco*, 27 de octubre de 1821.

[43] Dufour, Gérard (ed.), *De ¡Viva Riegoooo! A ¡Muera Riego! Antología poética (1820-1823)*, Zaragoza, PUZ, 2019, pp. 76-77.

nante. Hay que tener en cuenta que la mayoría los concejos asturianos eran, como ahora, relativamente grandes y tanto Oviedo como Gijón contaban con numerosas parroquias rurales. En San Julián de los Prados, entonces en la periferia de la capital, el párroco celebró una misa solemne, con asistencia de numerosos fieles, y antes del ofertorio leyó la Constitución; al terminar, comunicó que después se celebraría la ceremonia de jura. Asistía al acto el marqués de San Esteban, regidor del ayuntamiento constitucional, que departió con los vecinos y se ofreció a explicarles las características de la carta magna. Todo resultó inútil, solo 12 o 16 de los parroquianos juraron, el resto se fue discretamente. El procurador general del ayuntamiento informó el 4 de junio de que "todos, exceptuando los de la parroquia de Villapérez pusieron repugnancia a hacerlo, no por resistencia al sistema constitucional sino por suspicacia hija de su poca advertencia como rústicos labradores"[44].

En la prensa madrileña –no sé que se conserve de la asturiana de 1820 más que algún ejemplar de la *Ensalada Periodística*[45]– aparecen referencias a juramentos festivos en otros concejos, como el de Cangas de Tineo[46], pero el jefe político se vio obligado a enviar una circular a los ayuntamientos de la provincia amenazándolos con multa de 20 ducados si el 24 de mayo no habían entregado el certificado de haber celebrado el juramento, lo que indica que debieron ser varios los que remolonearon[47].

IV. Los puntales del liberalismo

Después de la experiencia de 1814, los liberales eran conscientes de que la consolidación del régimen constitucional exigía que las instituciones estuviesen en manos de personas fieles al sistema, que existiesen instrumentos para garantizar el orden público y reprimir posibles intentos de reacción realista y que se ampliase el apoyo social, especialmente entre las clases populares. Lo primero no resultó fácil, especialmente entre la judicatura, que conservó a numerosos magistrados y fiscales conservadores[48], y provocó resentimiento entre

[44] Aguilar, María Jesús, *o. c.*, pp. 57-59.

[45] En una publicación reciente, Elisabel Larriba, que define al periódico como "periódico de periódicos", reproduce la primera página de un ejemplar conservado en la BNE, sin número ni fecha, pero que debe ser de octubre de 1820, en el que, bajo el título, se incluye este texto: "Despedida que hace este papel, y otros artículos copiados del que con el título de El Momo, se publica en Oviedo, alusivos al proyecto de ley sobre las sociedades patrióticas". Es decir, parece más bien una edición excepcional de artículos destinada a la defensa de las sociedades patrióticas y habría aparecido mientras *El Momo* seguía publicándose en la capital de Asturias. Larriba, Elisabel, "La prensa de provincias", en Ivana Frasquet y Pedro Rújula (coords.), *El Trienio Liberal en la Monarquía Hispánica (1820-1823) Constitución y territorio*, vol. I, Granada, Comares, 2024, pp. 57 y 59.

[46] *El Universal Observador Español*, 11 de junio de 1820.

[47] *Miscelánea de comercio, artes y literatura*, 19 de mayo de 1820. Suplemento.

[48] No hubo una depuración de la judicatura tras la revolución, solo algunos jueces directamente implicados en casos de represión contra liberales, o manifiestamente contrarios al sistema constitucional, perdieron su plaza. Al final del Trienio, el 70% de los magistrados que habían servido durante el régimen absolutista habían conservado su plaza. Luis, Jean-Philippe, "Élites", en Pedro Rújula e Ivana Frasquet (coords.), *El Trienio Liberal (1820-1823). Una mirada política*, Granada, Comares, 2020, pp. 311-335, p. 329.

los empleados públicos relegados por su ideología absolutista y acusaciones de que lo único que pretendían los constitucionales era obtener cargos. Para garantizar la paz interior se creó una policía uniformada, la Milicia Nacional, que también sirvió para movilizar a los liberales, y, aunque conflictivos, los principales instrumentos para difundir las nuevas ideas y crear una amplia opinión liberal serían las sociedades y tertulias patrióticas y la prensa.

No es este el momento de profundizar en las características de las sociedades patrióticas y de los periódicos, objeto de excelentes investigaciones[49], aunque sea necesario algún comentario sobre su importancia. Las sociedades patrióticas tienen un precedente en las tertulias informales de la primera etapa constitucional, pero en el Trienio alcanzaron mayor dimensión, acogieron a socios y se dotaron de estatutos. Aunque, en una época en la que no existían partidos políticos, tuvieron cierta adscripción ideológica –sobre todo en las grandes ciudades en las que había varias– es excesivo equipararlas a los clubs de la revolución francesa. En España no llegaron a federarse y las Cortes las prohibieron de hecho el 21 de octubre de 1820, temerosa la mayoría moderada de su potencial movilizador[50]. Renacieron en 1821 como tertulias patrióticas, bajo control gubernativo, más o menos laxo según el momento y el lugar, y volvieron a ser plenamente legalizadas en 1822. En la mayoría de las poblaciones de provincias, incluidas las capitales, solo llegó a crearse una, lo que solía hacerlas más unitarias, abiertas a todas las tendencias del liberalismo. A sus sesiones asistía público, no solo los socios, y algunas permitían que participasen mujeres. En ellas se explicaba la Constitución y se comentaban las noticias de los periódicos y los debates de las Cortes. Hasta que se vieron obligadas a convertirse en tertulias, promovieron peticiones a las Cortes o el Gobierno y de ellas partieron algunas manifestaciones ciudadanas.

Independientemente de su capacidad de presión política, las sociedades y tertulias fueron un gran medio de difusión de las ideas liberales y contribuyeron a mantener movilizado al sector de la sociedad identificado con el sistema. Es-

---

[49] La obra clásica sobre las sociedades patrióticas es la monumental: Gil Novales, Alberto, *Las sociedades patrióticas*, Madrid, Tecnos, 1975, que ofrece, además, abundante información sobre la prensa, principal fuente del autor, que también ha publicado estudios monográficos sobre algunos periódicos. Más recientes, Roca Vernet, Jordi, "Sociedades patrióticas", en Pedro Rújula e Ivana Frasquet (coords.), *o. c.*, pp. 239-262, y, del mismo autor, "Las sociedades patrióticas del liberalismo exaltado al liberalismo democrático (1820-1854): una práctica de sociabilidad formal liberal", en Ramón Arnabat y Monserrat Duch (coords.), *Historia de la sociabilidad contemporánea: del asociacionismo a las redes sociales*, Valencia, PUV, 2014, pp. 39-68. También, Fernández Torres, Luis, "Las sociedades patrióticas y el reconocimiento implícito de las libertades de expresión y asociación", en Ignacio Fernández Sarasola y Manuel Chust (coords.), *El Trienio Liberal (1820-1823) Los umbrales del constitucionalismo en la monarquía española: entre la teoría y la práctica*, Madrid, Centro de Estudios Políticos y Constitucionales, 2023, pp. 263-301. Dos magníficas monografías sobre periódicos de signo opuesto: Morange, Claude, *En los orígenes del moderantismo decimonónico. El Censor (1820-1822): promotores, doctrina e índice*, Salamanca, Universidad de Salamanca, 2019, y Romera, Ángel, *El Zurriago (1821-1823). Un periódico Revolucionario*, Cádiz, Ayuntamiento de Cádiz, 2005; con carácter más general, Larriba, Elisabel, "La prensa", en Pedro Rújula e Ivana Frasquet (coords.), *o. c.*, pp. 187-211.

[50] Se prohibía que tuviesen el carácter de corporaciones, pudiesen federarse y se pronunciasen en nombre del pueblo, pero no las reuniones, incluso periódicas, para debatir "asuntos políticos y cooperar a su recíproca ilustración", que debían ser autorizadas y supervisadas por la autoridad.

tuvieron muy vinculadas a la prensa, que solía reproducir sus debates, y promovieron la creación de periódicos, especialmente en provincias, que se convirtieron en otro instrumento para divulgar las ideas constitucionales y combatir políticamente al realismo. La sociedad patriótica ovetense, la primera de Asturias, había sido creada el 22 de marzo de 1820 y tuvo como primer presidente a Antonio de Oviedo Portal, al que sucedería Felipe Argumosa Gándara, y como secretario al impresor José Díaz Pedregal. El 9 de junio se ofreció a tomar las armas para defender la Constitución si fuese necesario y en septiembre organizó, como se ha visto, la recepción a Riego. Editó el periódico *El Ciudadano*[51]. La tertulia ovetense de 1821 tuvo un éxito notable, en julio se trasladó al teatro para poder acoger más público y, "bajo ciertas restricciones", admitió la presencia del "bello sexo"[52]. Tanto la sociedad como la tertulia pueden considerarse relativamente moderadas. No promovieron disturbios, aunque la segunda defendió las prisiones de realistas abril de 1821, y procuraron mantener debates respetuosos, pero apoyaron incondicionalmente a Riego.

En el resto del principado tuvieron una difusión notable, por lo que en abril de 1820 un periódico madrileño podía señalar con entusiasmo: "No hay provincia del reino donde se haya tomado con tanto calor el establecimiento de sociedades patrióticas como en Asturias, las hay en Gijón, Cangas de Tineo, Noreña, Pola de Lena y Villaviciosa, establecidas bajo el mismo pie y con el mismo reglamento que la sociedad madre de Oviedo; y aunque no con tanta regularidad, se han formado posteriormente otras en Avilés, Grado, Pravia, Salas, Tineo, Pola de Siero, Luanco y otras villas"[53]. No es probable que las de poblaciones pequeñas tuviesen demasiada actividad, pero que se hubiesen creado es una prueba de la existencia de grupos dinámicos de liberales.

Estas sociedades debieron desaparecer tras la aprobación de la ley de octubre de 1820. El 23 de mayo de 1821, el periódico ovetense *El Aristarco* lamentaba el veto real a la ley que había intentado restablecerlas y el 26 invitaba a los ciudadanos a reunirse en una tertulia patriótica; el día 30 ya podía anunciar que "se ha constituido en esta ciudad con previo conocimiento de la autoridad superior política y con arreglo a las leyes, una tertulia patriótica, que tendrá sus juntas los lunes y jueves de cada semana desde las ocho a las diez de la noche en la cátedra de rudimentos de latinidad de la extinguida compañía" [la Compañía de Jesús]. En Gijón, el establecimiento de la tertulia patriótica se retrasó hasta octubre[54]. También se tienen noticias de la existencia de tertulias en 1821 en Llanes, con 38 socios, y en Pravia[55].

En Asturias hubo varias iniciativas para crear periódicos y algún notable periodista, con eco en Madrid, como Ramón María López Acevedo, pero lo reducido de la población, el elevado número de analfabetos y la competencia

[51] Carantoña Álvarez, Francisco, *Revolución liberal y crisis de las instituciones tradicionales*, o. c., pp. 233-234.
[52] *El Aristarco*, 11 de julio de 1821.
[53] *Miscelánea*, 1de mayo de 1820.
[54] *El Aristarco*, 23, 26 y 30 de mayo y 17 de octubre de1821.
[55] *El Aristarco*, 20 de junio y 8 de agosto de 1821.

de la prensa madrileña dificultaron su supervivencia. Lo periódicos de Madrid ofrecían más páginas y de más tamaño, aunque fuesen más caros –*El Universal*, con su peculiar formato "sábana", costaba en 1821 nueve cuartos, frente a tres del *Aristarco, El Espectador*, con páginas más pequeñas, siete–, por lo que podían recoger más información nacional e internacional y los debates de las Cortes con detalle. Por otra parte, era frecuente que la prensa se leyese de forma colectiva, incluso en alta voz, para que llegase la información a los que no sabían leer, lo que afectaba menos a la de difusión nacional, pero limitaba mucho el número de compradores de la regional.

El primer periódico asturiano del Trienio fue *El Conciliador de la Nación y del Rey*, publicado por la Junta de Gobierno, que dejó de publicarse cuando esta cesó en sus funciones[56]. *El Ciudadano* debió desaparecer con la sociedad patriótica en noviembre de 1820, pero ese año y en los primeros meses del siguiente se publicó también *El Momo*, de Ramón María López Acevedo, de tendencia más radical. López Acevedo, profesor, latinista y músico, gustaba de la sátira, lo que no dejó de causarle problemas. En el número 16 había mencionado a un "Don Bartolo Macho de la Vara" –"Bartolo" era el apelativo que popularizó para referirse a los serviles– y el entonces alcalde primero de Oviedo, Joaquín Antonio Sánchez, entendió que se refería a él y a su vara, por lo que lo denunció como injurioso y sedicioso, pero la junta de censura le respondió que debía legitimar su persona "o presentar poder en forma de D. Bartolo de la Vara, para proceder a censurar el papel. Esta declaración ha dado mucho que reír; y hace honor al buen juicio y a la discreción de la junta de censura"[57]. Son fáciles de imaginar los chascarrillos y comentarios en una pequeña ciudad, pero Sánchez insistió y "legitimó competentemente su persona", lo que condujo al *Momo* a concluir que ya no podría quejarse si por la calle lo llamaban Bartolo Macho de la Vara, pero que no creía que tuviera éxito su denuncia[58].

Era frecuente que los personajes públicos se considerasen ofendidos por cualquier crítica o comentario irónico, lo que provocó numerosas denuncias contra periódicos y fue un argumento para que las Cortes deliberasen reiteradamente sobre la necesidad de restringir la libertad de imprenta, que defendían los moderados. López Acevedo no había tenido tanta suerte con su primer periódico, la ya mencionada *Ensalada periodística*, que, al parecer, había sido cerrado por orden judicial el 9 de octubre de 1820[59]. Finalizó la publicación de *El Momo* para trasladarse a Madrid como redactor de *El Espectador*, que lanzaba Evaristo San Miguel, en el que colaboró desde el número 1, que apareció el 15 de abril de 1821. No duró mucho su estancia en la capital del reino

---

[56] Fuertes Acevedo, Máximo, *Bosquejo que alcanzó en todas las épocas la literatura en Asturias*, Badajoz, Tipografía la Industria, 1885, pp. 116-117. Bellmunt, Octavio y Canella, Fermín, *Asturias*, Gijón, Fototip, y tip. de O. Bellmunt, 1897, p. 92, estos autores indican que Ramón López Acevedo fue uno de sus colaboradores. Rodríguez Infiesta, Víctor, "La prensa en Asturias hasta el Sexenio Democrático. Una visión de conjunto", en Jorge Uría (coord.), *Historia de la prensa en Asturias* I, Oviedo, Asociación de la Prensa de Oviedo, 2004, pp. 47-68.

[57] *El Universal*, 21 de diciembre de 1820.

[58] *El Universal*, 28 de diciembre de 1820.

[59] Fernández Avello, Manuel, *Historia del periodismo asturiano*, Salinas, Ayalga, 1976, p. 90.

y, el 30 de junio, anunciaba en *El Aristarco* su regreso a Oviedo. Colaboraría después en el periódico ovetense, pero seguiría haciéndolo en *El Espectador* y *El Universal*.

Al poco tiempo de llegar a Madrid protagonizó una curiosa polémica con el periódico *El Constitucional*, que había ironizado sobre la influencia de los asturianos en la capital del reino en la etapa del primer Gobierno constitucional: "Mucho se ha hablado de emigraciones. De Suiza, de Irlanda, de Holanda, de todas partes se descuelgan centenares de miles de hombres que van a buscar la vida adonde puedan hallarla. Últimamente las ha habido también en España, y por poco se queda Asturias sin un solo hombre que sepa leer y escribir. Por fortuna desde 1º de marzo se ha contenido este prurito y la provincia no se ve amenazada de la pérdida de su población; conservando sin embargo su antiguo privilegio de suministrar aguadores a las fuentes de Madrid"[60]. El 1 de marzo de 1821 Fernando VII había forzado la dimisión del Gobierno doceañista y muy asturiano del que formaban parte Agustín Argüelles, José Canga Argüelles y Cayetano Valdés. El ejecutivo contaba entonces con siete ministros, por lo que el peso astur era notable.

Le respondió el *Momo*, en *El Espectador*, con notable acritud, en un artículo en el que no desaprovechaba la oportunidad de destacar las virtudes de los norteños: "los asturianos venían a Madrid antes de marzo, vinieron en marzo y vendrán después de marzo ¿qué tiene eso de particular? Lo que a mí me enfada como a vd. es ver que en todas partes ha de haber asturianos. Parece que no caben en el mundo, según el sitio y sitios que ocupan. Si se trata de militares, asturianos; si de políticos, asturianos; si de escritores, asturianos; si de hombres de talento, asturianos; si finalmente de patriotas, asturianos, y asturianos por activa, y asturianos por pasiva, hasta asturianizarnos el alma". López Acevedo atribuía al afrancesamiento de José Joaquín Mora y otros de los redactores de *El Constitucional* la hostilidad hacia el gabinete caído y los patriotas asturianos: "Por eso me pareció algo exagerado aquello de que *por poco no queda hombre en Asturias que sepa leer ni escribir*, porque para eso era preciso que la provincia hubiese quedado tan destituida de hombres como a la entrada de Ney y Kellerman (esto va sin malicia), y quedar Asturias sin hombres, es tan difícil como que deje de *manchar la mora*"[61].

Con la llegada al poder de Evaristo San Miguel, López Acevedo obtuvo el cargo de secretario de la jefatura política de Asturias[62]. En 1823 se vio obligado a exiliarse en Londres, donde continuó escribiendo en *El Español Constitucional* de Fernández Sardino, periódico en el que publicó, con el seudónimo de Miso-Basileo, un incendiario artículo en el que, tras la nueva traición de Fernando VII, se manifestaba claramente como republicano y partidario una cirugía radical, que acabase con la dinastía, la grandeza y el clero,

---

[60] *El Constitucional Correo General de Madrid*, 21de abril de 1821.
[61] *El Espectador*, 27de abril de 2021.
[62] Gabriel Santullano señala que en 1823 había sido nombrado secretario de la jefatura política de Santander, pero no pudo incorporarse a causa de la invasión francesa. Santullano, Gabriel, *o. c.*, vol. II, p. 9.

como única vía para la regeneración de España. Falleció en la capital británica en 1825[63].

En 1821, poco después de desaparecer *El Momo*, comenzó a publicarse *El Aristarco*. En el prospecto se indicaba que lo lanzaban "varios ciudadanos habitantes de esta ciudad de Oviedo, deseosos de promover y rectificar el espíritu público, y de extender en cuanto les sea posible los buenos principios, y las santas ideas de libertad y justicia". Saldría dos días por semana, los miércoles y los sábados. El primer número vio la luz el 16 de mayo de 1821 y el 14 de noviembre se despidió de los lectores por motivos económicos, aunque todavía publicó un número extraordinario el 24 de ese mes, otro, normal, el 1 de enero de 1822, con la justificación de la crisis política que vivía el país, y otros dos el 7 de febrero y el 2 de marzo.

Entre sus promotores y redactores estaban Pedro José Pidal, Domingo Fernández Angulo, que ya lo habían sido de *El Ciudadano*, José Díaz Pedregal, en cuyo establecimiento se imprimía, y Ramón López Acevedo. Era de ideología indudablemente liberal. Apoyó las prisiones de realistas de junio de 1821, fue extremadamente crítico con la falta de firmeza con relación al obispo Ceruelo, criticó al jefe político por su proclama sobre las elecciones de 1821 y su posterior enfrentamiento con el ayuntamiento y por su reacción destemplada ante el grito de "¡Viva Riego!" y defendió siempre al héroe de Las Cabezas, pero sería excesivo definirlo como exaltado. Era más bien un liberalismo identificado con la Constitución, alejado del moderantismo más conservador, pero sin caer en la agitación revolucionaria. *El Aristarco* se refiere a otro periódico que se comentaba en la tertulia patriótica en 1821, *El Crisol*, parece ser que escrito a mano por un boticario que lo leía en ella semanalmente[64].

En algún momento de 1822, tras el cierre de *El Aristarco*, Ramón López Acevedo volvió a editar *El Momo*, el activo periodista no debía estar dispuesto a aceptar que Asturias se quedase sin prensa periódica. *El Universal* incluía el 13 de julio de 1822 una noticia sobre la partida realista encabezada por Roces Lamuño, fechada el día 3 en Oviedo, en la que se podía leer: "El *Momo*, periódico de esta ciudad, refiere en su número de hoy, y en estilo jocoso que acostumbra, algunas particularidades relativas a esta tan infame como ridícula intentona"[65]. No hay referencias sobre la duración de esta segunda etapa de *El Momo*.

---

[63] Santullano, Gabriel, *o. c.*, vol. II, pp. 7-15. Sanz Testón, Gloria, *Liberales asturianos exiliados en Inglaterra, 1814-1846*, Gijón, Sociedad Cultural Gijonesa, 1996. Esta autora sostiene con argumentos sólidos que debió fallecer en julio de 1825, otros, como Prot o Gil Novales sitúan su muerte en 1826. Prot, Frédéric, "La opción republicana en *El Español constitucional* (1818-1820 / 1824-1825)", en *Hispanismes. Revue de la Société des Hispanistes Français*, Hors-série 1 | 2017, *"Longtemps j'ai pris ma plume pour une épée". Écriture et combat dans l'Espagne des XVIIIe et XIXe siècles*, pp. 165-184. https://doi.org/10.4000/hispanismes.12914

[64] Rodríguez Infiesta, Víctor, *o. c.*, p. 55.

[65] *El Universal*, 13 de julio de 1822. En el número del día 16 de noviembre de ese año aparece una noticia sobre la partida realista levantada en Cangas de Tineo que firma *Momo*, pero parece más bien una colaboración del periodista asturiano con el diario madrileño, que esta vez no indica que la haya tomado de su periódico.

La Constitución establecía que debía crearse una fuerza policial uniformada, la Milicia Nacional, que, dadas sus características, se convertiría en el Trienio en un elemento de politización y de socialización liberal, además de un instrumento fundamental en la lucha contra la delincuencia y en la defensa del propio sistema[66]. Los reglamentos de que fue dotada en esta época diferenciarán entre milicianos voluntarios y forzosos. Los primeros estaban más identificados con el sistema y serían los que actuarían habitualmente, salvo en las localidades en que no fueran suficientes. No hay datos completos que permitan establecer el número exacto de milicianos voluntarios, Ramón Arnabat calcula que eran unos 30.000, pero los números que se conocen de diversas provincias, incluso de algunas en las que el liberalismo era más débil, permiten suponer que esa cifra se queda corta[67].

En Asturias, tras la prematura disolución de los primeros cuerpos de voluntarios, la milicia nacional comenzó a organizarse en octubre de 1820. Los primeros pasos fueron lentos debido a la falta de armas, pero las noticias de la crisis provocada por el nombramiento del general Carvajal aceleraron la incorporación de voluntarios y su armamento en noviembre. El 21 comenzó el alistamiento en Oviedo y la Diputación solicitó 200 fusiles a la fábrica de armas. El 23 son los estudiantes los que se ofrecen para un alistamiento masivo y el 27 se presentaron a la Diputación tres representantes de los obreros de la fábrica de armas de Trubia, que explicaron que se habían reunido "con motivo de los últimos acontecimientos de la Corte" y solicitaban armas y municiones. Fue tal el aluvión de voluntarios que el ayuntamiento suspendió el reclutamiento de milicianos forzosos[68]. Lo significativo es que a los voluntarios esperables –los miembros de la sociedad patriótica o los estudiantes– se uniesen los obreros de la fábrica de armas, prueba de que el liberalismo también había calado en las clases populares. Los voluntarios ovetenses se estrenarían el día 29, cuando participaron en la represión de un motín realista en Lena junto a tropas del regimiento provincial.

En el ayuntamiento de Gijón se debatió el 7 de octubre la primera circular del jefe político sobre la formación de la Milicia Nacional, que había sido enviada el día 3. El 10 ya estaban confeccionadas las listas de vecinos que debían incorporarse a ella y el 12 comenzó el alistamiento, un mes después se pudo proceder a la elección de los mandos de las dos compañías que se habían constituido. El problema era la falta de armamento, en la segunda mitad de abril de 1821 se quejaba todavía la corporación de que la milicia solo contaba con 30

---

[66] Pérez Garzón, Juan Sisinio, *Milicia Nacional y Revolución Burguesa*. Madrid, CSIC, 1978; París, Álvaro, "Milicia Nacional", en Pedro Rújula e Ivana Frasquet (coords.), *o. c.*, pp. 239-262; Arnabat Mata, Ramón, "La Milicia Nacional Voluntaria en Cataluña durante el Trienio Liberal (1820-1823): Una aproximación sociológica y geográfica", *Hispania: Revista española de historia*, 270 (2022), pp. 107-139; Roca Vernet, Jordi, "La milicia nacional o la ciudadanía armada. El contrapoder revolucionario frente al liberalismo institucional", *Bulletin d'Histoire Contemporaine de l'Espagne*, 54 (2020), DOI: https://doi.org/10.4000/bhce.2598

[67] Arnabat Mata, Ramón, "El Trienio Constitucional (18201823): revolución y contrarrevolución", *Ayer*, 127 (2022), p. 31.

[68] Carantoña Álvarez, Francisco, *Revolución liberal y crisis de las instituciones tradicionales*, *o. c.*, p. 240.

fusiles inútiles y carecía de correajes. Hasta junio tuvo que esperar para recibir 100 fusiles nuevos con sus bayonetas, aunque había solicitado 140, lo que mereció un elogioso comentario del *Aristarco*: "La milicia gijonesa inspira y merece la confianza de los patriotas: ¿pero quién no la inspira en Gijón?"[69].

En mayo de 1821 el ayuntamiento de Oviedo decidió aumentar a cuatro las compañías de milicianos nacionales voluntarios, pues ya pasaban de 300 los alistados. No hay noticias muy precisas, solo del juramento de los milicianos o de su participación en algún acto, pero parece que la milicia se generalizó en todos los concejos desde la primavera de 1821. En Llanes se constituyó en junio y eligió como comandante a Blas de Posada. La de Lastres prestó juramento el 24 de septiembre, aniversario de la reunión de las Cortes de Cádiz, día en que se colocó también la lápida de la Constitución. La de Cudillero tuvo en agosto un encuentro con contrabandistas y en Onís se alistaron dos ciudadanos de 76 y 80 años, ejemplo patriótico para todos los asturianos[70].

Junto al armamento, otro problema de la milicia era el vestuario, especialmente para las clases populares. El 11 de junio de 1821 la tertulia patriótica ovetense decidió abrir una suscripción para comprar uniformes para los milicianos que no pudiesen costearlos. En agosto se habían recaudado más de 5000 reales, que sirvieron para confeccionar 40[71]. En noviembre de 1822 la Diputación crearía una compañía de cazadores de montaña para contribuir a la lucha contra las partidas de facciosos. La milicia demostraría su eficacia en la represión de las intentonas realistas de 1822 y 1823.

V. Las instituciones

Como ya se ha indicado, el jefe político fue nombrado de forma interina en febrero y ratificado por el Gobierno en marzo y los ayuntamientos constitucionales se establecieron con rapidez. El 22 y 23 de mayo de 1820 se celebraría el último acto de las elecciones de diputados a Cortes y de la Diputación provincial, la reunión de la junta electoral provincial, de 15 miembros, que culminaba el proceso indirecto. Con ello finalizaba la designación de los integrantes de las principales instituciones.

Manuel María de Acevedo y Pola simbolizaba la continuidad entre las dos primeras etapas constitucionales y consiguió mantenerse en el cargo hasta que la invasión francesa puso fin al Trienio en Asturias, a pesar de los cambios de Gobierno. Era un hombre culto, admirador y amigo de Jovellanos, indudablemente liberal, que ya había jugado un papel importante durante la Guerra de Independencia, periodo en el que, entre otras cosas, fue miembro de la Junta renovada en el verano de 1808 y magistrado de la Audiencia. Fiel a la Consti-

---

[69] *El Aristarco*, 6 de junio de 1821.
[70] *El Aristarco*, 10 de noviembre de 1821.
[71] Carantoña Álvarez, Francisco, *Revolución liberal y crisis de las instituciones tradicionales*, o. c., pp. 241-242.

tución, era amante del orden y el respeto a la ley, por lo que se oponía a los "excesos" revolucionarios y políticamente se lo puede considerar próximo a Agustín Argüelles, aunque fuese primo de Flórez Estrada. Su talante moderado y su fidelidad a los gobiernos de Bardají-Feliú y de Martínez de la Rosa condujeron a que tuviera algunas actuaciones controvertidas, que lo enfrentaron con los liberales más avanzados.

Ya en las elecciones de 1820 había leído, el 22 de mayo, un discurso ante la junta electoral de la provincia, que fue después impreso por orden de la Junta de Gobierno, en el que incitaba a los electores a elegir diputados: "que sean un muro inexpugnable contra las incursiones del despotismo, y los extravíos de una libertad desenfrenada: que sostengan con mano fuerte el equilibrio que constituye la Monarquía hereditaria moderada, tan distante de una absoluta arbitrariedad como de una sediciosa democracia, evitando el orgullo cruel del Senado de Venecia, y el feroz desenfreno de la Convención francesa. [...] Unámonos todos en sentimientos y principios. Sea la divisa de los Españoles de ambos mundos, Religión, Patria, Constitución y Rey: no sacrifiquemos ninguno de estos sagrados objetos a ridículas preocupaciones, a pequeñas pasiones, a miras personales, a intereses mal entendidos, y a ideas exaltadas y fantásticas, y España será la primera de las Naciones"[72]. Rechazaba una exaltación que todavía no se había manifestado, pero sus ideas no solo satisfacían a la Junta, liberal, pero no radical, sino también a Argüelles, entonces ministro de Gobernación de la Península.

No encontró dificultades en el ejercicio de la presidencia de la Diputación, cuyos integrantes eran ideológicamente próximos, pero si se enfrentó a problemas en 1821. Pudo sortear sin perder el puesto las prisiones de realistas de abril, de las que se tratará más adelante, pero se implicó de lleno en el intento del Gobierno conservador de Feliú y Bardají de favorecer a la corriente moderada en las elecciones de 1821. El ministro de Gobernación de la Península, Ramón Feliú, envió a los jefes políticos una circular reservada en la que pedía que actuasen para evitar la elección de exaltados y afrancesados. Juan Mc-Crohon lo denunció en la Fontana de Oro el 14 de agosto, había recibido la información del general Copons, jefe político de Madrid, que estaba enemistado con ministro[73]. Desde ese momento, aumentó la tensión política, que se vería agravada por la decisión del Gobierno de cesar a cargos civiles y militares de tendencia progresista, entre ellos a Riego, para controlar mejor el proceso electoral.

Independientemente de lo que pudiesen hacer de forma soterrada, los jefes políticos reaccionaron de forma diversa. Algunos se limitaron a publicar proclamas neutras sobre el proceso electoral, pero otros, como los de León y Asturias, les dieron un contenido claramente político, probablemente fue la de Acevedo, publicada el 20 de agosto, la que tuvo mayor repercusión. Encontró rápida respuesta en *El Aristarco*, que el día 25 criticó especialmente su peculiar

---

[72] *Discurso de D. Manuel María de Acevedo...*, Oviedo, Oficina de D. Francisco Pérez Prieto, Impresor del Principado, 1820.
[73] Gil Novales, Alberto, *o. c.*, p. 639.

llamamiento a votar a las clases acomodadas: "El señor jefe político piensa que los propietarios y algún otro comerciante, son los únicos que pueden llenar debidamente las funciones de diputados, porque *el empleado*, dice, *se puede lisonjear, hallará ascensos en mudanzas y trastornos; al literato le puede alucinar la esperanza de brillar en un nuevo orden de cosas, y la necesidad que puede haber de sus luces; el eclesiástico se puede engañar hasta el extremo de que una nueva revolución le recuperaría las inmensas propiedades que disfrutaba, y le restituiría la omnipotencia que había ejercido; pero al hacendado*, añade, *nada le puede seducir...* ¿Nada? Pues qué ¿no le puede seducir la esperanza de resucitar los mayorazgos, esa sima donde se hundió nuestra felicidad? ¿No le puede seducir el deseo de que los empleos más brillantes; los más pingües canonicatos se den otra vez a sus segundones o espurios, y en una palabra, aquel influjo que todo lo alcanzaba a despecho del mérito y del saber, y del que todavía no nos vemos del todo libres, no le podrá seducir?"[74].

Como se indicó anteriormente, en Asturias algunas familias de nobles titulados e hidalgos, emparentadas entre sí, habían controlado históricamente, hasta el propio 1820, los concejos, juntas y diputaciones generales del principado. Es cierto que a esa nobleza e hidalguía pertenecían algunos de los más conspicuos liberales, pero con frecuencia había impuesto sus privilegios a los plebeyos, creando resquemores que todavía estaban vivos. Había, por otra parte, notables eclesiásticos liberales en la diócesis, algunos, como Domingo Somoza o Rodrigo Valdés Busto, serían elegidos diputados a Cortes en esos comicios, y comprometidos profesores de la universidad, militares o abogados, que podían sentirse justificadamente ofendidos.

El asunto fue debatido en la tertulia patriótica de Oviedo y un ciudadano la denunció, el día 31, como subversiva contra la Constitución "y altamente injuriosa a una multitud de clases", ante el alcalde segundo de la ciudad, Juan Fernández Trapiella. El alcalde sorteó el jurado previsto en la nueva ley de imprenta y Acevedo lo amenazó con una multa de quinientos ducados si lo convocaba. Se reunió el ayuntamiento y decidió seguir adelante y pagar solidariamente la multa. El jurado, del que formaba parte el canónigo Miguel del Riego, decidió que había lugar a la formación de causa y el juez remitió el caso a la Audiencia. El jefe político dirigió el 3 de septiembre una circular a los ayuntamientos en defensa de su comportamiento, que fue, a su vez, denunciada por el alcalde primero de la capital –Cayetano Navia Osorio, marqués de Ferrera–, al que también multaría Acevedo[75]. Finalmente, previa consulta

---

[74] *El Aristarco*, 25 de agosto de 1821. Las cursivas en el original. El jefe político hizo también pública el mismo día una circular impresa "técnica", dirigida a los ayuntamientos, en la que explicaba cómo debían desarrollarse las elecciones de acuerdo con lo dispuesto por la Constitución. AMG.

[75] Acevedo, más moderado que mesurado, se defendía en ella con palabras gruesas: "lo que parece increíble y nunca esperé, es que se hubiese combinado hasta tal punto la obcecación de las pasiones con la estupidez que hubiese quien la delatase como subversiva, quien contrariando la ley, y una expresa orden mía convocase el jurado; y un jurado que declarase haber lugar a la formación de causa. No me detendré en lo absurdo de esta declaración. [...] Pero yo conozco los derechos que me da mi alto destino y no permitiré que ninguna Autoridad que no esté señalada por las leyes se abrogue la facultad de proceder contra mi persona". AMG, 7/1821.

al Consejo de Estado, el Gobierno resolvió que el jefe político solo podía ser juzgado por el Tribunal Supremo. El ayuntamiento presentó su dimisión en bloque, aunque no llegó a tener efecto[76].

El 10 de septiembre, los liberales gobernadores del obispado, los canónigos Ramón Valdés Llanos y Domingo Somoza, hicieron pública una pastoral animando al voto que tenía algo de réplica al jefe político: enumeraban las cualidades que debían poseer los elegidos –instrucción, deseo de servir a Dios y a la patria y haber dado "pruebas positivas de ser adictos a las nuevas instituciones"– y añadían que "los electores deben preferir a los que las posean, sea cual fuese la clase a la que pertenezcan en la sociedad"[77]. Que la pastoral satisfizo a los liberales lo prueba que la reprodujesen el periódico comunero *El Eco de Padilla*, el 23 de septiembre, y *El Espectador*, el 26.

El escándalo que se había producido en Asturias trascendió a la prensa madrileña. *El Espectador*, que insertaba con frecuencia noticias de *El Aristarco*, se hizo eco de la noticia el 11 de septiembre y definió la proclama de Acevedo como un abuso peligroso para la libertad, pero también opinaba que se había elegido una vía equivocada al denunciarla como infractora de la ley de imprenta y que se debía haber denunciado al jefe político ante las Cortes por infracción de la Constitución. También consideraba las multas y la querella contra el alcalde "ridículas e intempestivas" y que si se había errado en el medio de denunciar la proclama eso no exculpaba al jefe político[78]. En *El Universal* apareció el día 14 y, aunque era contemporizador con la actuación del ejecutivo sobre las elecciones, no pudo evitar darle una colleja a Acevedo: "lo que de ningún modo podemos aprobar ni aun excusar en la proclama, es la enumeración que se hace en ella de los motivos de desconfianza que pueden ocurrir en el empleado, en el literato y en el eclesiástico"[79].

El jefe político, todavía tenso por el enfrentamiento con el ayuntamiento de la capital y por la serenata a las autoridades del día de San Rafael, protagonizó un incidente en el teatro en noviembre de ese año: tras dar "saltos y corcovos en el palco", dirigir "voces desacompasadas al público", "dando codazos y manotadas a todos los circundantes", ordenó cerrar el teatro porque, tras el canto de varios himnos patrióticos, "Uno de los concurrentes, sin saber tal vez que tocaba la *tarantela*, pronunció un *viva Riego*, que como si fuera relleno de una legión de demonios, produjo en su señoría el torbellino que atrás queda bosquejado: torbellino que se repitió con dobles fuerzas otras tantas veces, cuantos fueron los vivas que a consecuencia se consagraron al héroe desde varios puntos del coliseo"[80].

---

[76] Posteriormente un "Amante de la verdad y de las leyes" publicó en la imprenta de Cándido Pérez Prieto, de Oviedo, una larga carta de cinco páginas, fechada a 3 de septiembre, en la que rebatía los argumentos del jefe político para considerarse exento de la ley de imprenta. AMG, 7/1821.

[77] AMG, 7/1821.

[78] *El Espectador*, 11 de septiembre de 1821.

[79] *El Universal*, 14 de septiembre de 1821.

[80] *El Aristarco*, 24 de noviembre de 1821.

En cualquier caso, Acevedo luchó por mantener el sistema constitucional y en 1823 se mantendría en su puesto hasta que la llegada de las tropas francesas hizo inevitable el abandono de Asturias. Pasó la década ominosa en el exilio y, tras la muerte de Fernando VII, retomaría la actividad política como liberal progresista, siempre próximo a Argüelles.

Como intendentes, cargo de Hacienda que tenía funciones políticas, ya que era miembro nato de la Diputación y sustituía al jefe político en caso de ausencia, Asturias tuvo a Higinio García de Burunda, Manuel María Girón, José Camps y el marqués de Casa Pizarro. El escaso tiempo que ocuparon el cargo los titulares y que estuviera con frecuencia vacante o en comisión le restó importancia política en el principado.

En las elecciones a Cortes fueron elegidos en 1820 el conde de Toreno; el jurista Juan Nepomuceno Fernández San Miguel, hermano del militar; el historiador Francisco Martínez Marina; Manuel Abad y Queipo, obispo de Michoacán, que renunció por motivos de edad y salud y fue sustituido por Lorenzo Rivera, catedrático de la Universidad de Salamanca, y Álvaro Flórez Estrada. Los cuatro primeros, ideológicamente más moderados, obtuvieron los 15 votos de la junta electoral, mientras que el "exaltado" Flórez Estrada salió con 9. En el menor apoyo obtenido por este último pudieron influir tanto diferencias ideológicas como los resquemores por su actuación como procurador general en 1808-1809, que lo había enfrentado con un sector de la clase dirigente[81]. Todos, salvo Lorenzo Rivera, tuvieron destacadas intervenciones en el parlamento y contribuyeron a su ingente labor legislativa.

En 1821 los esfuerzos de Acevedo no dieron mucho fruto. Asturias también giró a la izquierda, aunque el prestigio personal de los candidatos pudo haber influido más en la votación que las diferencias políticas. Esta vez todos los elegidos obtuvieron los 15 votos en la junta electoral provincial reunida el 3 de diciembre de ese año. Dos eran moderados, Agustín Argüelles y Rodrigo Valdés Busto; otros dos "exaltados", José Canga Argüelles y Rafael del Riego, y el quinto, Diego de la Vega Infanzón, un militar –hermano de Andrés Ángel, el diputado de Cádiz–, que se opuso a la destitución temporal del rey y, gracias a ello, fue el único que se libraría de la condena a muerte. De los otros cuatro, solo Riego perdería la vida en el cadalso, Argüelles, Valdés y Canga lograron exiliarse.

Los mismos electores que el 22 de mayo de 1820 habían elegido a los diputados a Cortes votaron a los integrantes de la Diputación provincial. Como es lógico, salió una corporación liberal, pero moderada. La integraban Isidro Suárez del Villar, canónigo de la catedral, arcediano de Tineo; Marcos Bernaldo de Quirós; Pedro Pascasio Rodríguez Valdés, miembro de la Junta, que tuvo que dejar su puesto en febrero de 1821 por haber sido nombrado juez de primera instancia de Oviedo; Ramón Antonio Rodríguez, regidor del ayuntamiento constitucional de Gijón; Francisco María Frade y Juan Argüelles Mier. Como sustituto de Rodríguez Valdés entró Manuel Rodríguez Valentín. En las

---

[81] Carantoña Álvarez, Francisco, "Soberanía y derechos constitucionales…", *o. c.*

elecciones que culminaron en diciembre de 1821 se renovaron cuatro de los siete vocales, permanecieron Suárez del Villar, Bernaldo de Quirós y Argüelles Mier y entraron Bernardo Valdés Hevia; Joaquín González del Río, párroco de Coto de Labio, que había sido propuesto para formar parte de la Junta de 1820; Francisco González Cutre y Juan Rosendo Acevedo.

Es significativo que la Diputación censurase en 1821 el cambio de Gobierno forzado por el rey en marzo porque "en un gobierno representativo sólo la opinión pública derroca al Ministerio, y ésta altamente condena su mudanza en la época en que las Cortes más necesitaban de sus luces e informes"[82]. También condenó el ataque sufrido por el conde de Toreno el 4 de febrero de 1822, tras una tormentosa sesión de Cortes en la que se debatió un recorte de la libertad de expresión[83], pero en las actas, al menos hasta marzo de 1822, no aparece nunca el nombre de Rafael del Riego, ni para oponerse a sus ceses ni para felicitarlo por sus nombramientos. Se entiende el apoyo al primer Gobierno liberal, no solo por la afinidad ideológica, sino por su carácter asturiano, con Argüelles, Canga y Valdés como ministros; igualmente asturiano era Toreno, pero también lo era Riego.

Que la moderación política de la Diputación se mantuvo tras su renovación lo muestra el manifiesto que publicó el 25 de junio de 1822, poco antes del fallido golpe de estado de la guardia real en Madrid. Sin duda, fue en buena parte obra de Manuel María de Acevedo, presidente de la corporación y primer firmante. Además de los diputados y el jefe político, también lo suscribe el intendente Girón. "La [provincia] de Oviedo [así había pasado a llamarse], marchando por la senda constitucional, ha sabido evitar ambos extremos, igualmente funestos a nuestra amada patria, y ha mirado con el mismo horror facciosos que derraman el llanto, la sangre y la desolación en todos los puntos donde existen; y demagogos, que pérfidos o ilusos por los horrores de una completa disolución social, nos conducirían a un despotismo cien veces más duro que el que hemos sacudido. El espíritu ilustrado de su clero, la moderación de propietarios, que ni disfrutan riquezas inmensas, ni jamás gozaron privilegios odiosos, el poseer algo casi todos los habitantes, la educación, que aunque muy atrasada, no tanto como en otras provincias, y cierta viveza y perspicacia natural que se observa en todas las clases, precaven a los asturianos de caer en los lazos en que quisieran envolvernos los satélites del despotismo y los secuaces de la demagogia. A la diputación solo toca confirmaros, amados compatriotas, en estos sentimientos, e inculcaros los principios que los deben ilustrar". De nuevo aparece el elogio de los propietarios, junto a la condena de los dos extremos.

Lo que sorprende es no solo la dureza contra absolutistas y afrancesados –"inmundos escritores indignos de la Nación española, y vendidos infamemente al oro extranjero", llama a los exjosefinos–, sino contra los exaltados: "El exaltamiento no es una virtud moral, sino una cualidad del temperamento,

---

[82] Actas de la Diputación Provincial, exposición aprobada el 10 de marzo de 1821.
[83] Ídem, sesión del 23 de marzo de 1822.

efecto de la edad y de la imaginación. El hombre constituido en un estado permanente de exaltación es un verdadero demente, y se le debe encerrar: el hombre que lo es en los objetos en que fija su atención será o no criminal, si aquellos son o no viciosos; y llevada al extremo, será siempre un exceso que en los hombres públicos particularmente puede producir consecuencias bien funestas". Además, en un alarde didáctico, aunque sin perder agresividad, explicaba las virtudes de la monarquía constitucional frente a la república: "No existen en España republicanos: si algún joven alucinado con la lectura superficial de la historia griega o romana; si algún pedantón ridículo, llena su cabeza de textos que no comprende, la han soñado, las personas ilustradas saben muy bien que la única diferencia que existe entre una república y una monarquía constitucional es la mayor o menor concentración del poder ejecutivo; que la democracia pura es imposible en los grandes Estados europeos […]; y que solo la ventaja de ser hereditario el trono recompensa cuantas los mayores entusiastas pueden atribuir al sistema republicano"[84]. El extenso texto tiene otros aspectos que podrían ser comentados, pero baste mencionar que desprecia y rechaza el término "Bartolo", creado por López Acevedo.

La Diputación asturiana no apoyó en 1820 las peticiones de otras en favor de la supresión del diezmo, pero sí la de los mayorazgos, como ya se comentó. Abordó las complejas tareas de reparto de impuestos y sorteos de mozos para el ejército e impulsó las obras públicas, especialmente la tan deseada carretera de Castilla por Pajares, ya muy avanzada, pero que no se finalizaría hasta 1830.

Como toda España, Asturias tuvo que afrontar una reordenación de su administración territorial. No solo se trataba de elegir a los nuevos ayuntamientos constitucionales, que la Constitución establecía que debían crearse en todos los pueblos con más de mil habitantes, pero también en los menores en los que las condiciones geográficas o consideraciones históricas lo aconsejasen; además, la región debía dividirse en partidos de carácter electoral y judicial.

El principado poseía una división tradicional en partidos, a partir de la cual se constituía la Diputación General del Principado, pero las propias Cortes habían decidido obviarla cuando, en la convocatoria de elecciones para 1813, dispusieron que "en Asturias la junta preparatoria distribuirá el Principado en partidos proporcionados, sin tener en consideración los antiguos en que estaba distribuido para las Diputaciones trienales"[85]. La Audiencia propuso en 1813 una división en 11, que fue rechazada por la Diputación y sustituida por otra que los reducía a 5, cada uno con una capital para elecciones y dos para la instalación de los juzgados de primera instancia, la justificación era que así se facilitaba la elección de diputados a Cortes, ya que a Asturias le correspondían cinco, por lo que lo que, al tener que ser los electores el triple de esta cifra, sería fácil repartir los quince entre cinco. La propuesta, criticada por ayunta-

---

[84] *Gaceta de Madrid*, 5 de julio de 1822.
[85] Decreto CLXVI de 23 de mayo de 1812. *Instrucción conforme a la cual deberán celebrarse en la Península e Islas adyacentes las elecciones de Diputados de Cortes, para las ordinarias del año próximo de 1813.* Art. IX.

mientos como los de Villaviciosa y Gijón, no fue aceptada por la Audiencia, que la consideró irracional. En Gijón, las protestas partieron también de los comerciantes, ya que se integraba en el partido de Avilés y se quedaba sin juzgado, por lo que se veía reducida a capital electoral en un partido que tendría los juzgados en Avilés y en Pola de Siero. El 20 de junio se aprobó una división en 10 partidos, que volvía a dejar a Gijón sin juzgado y lo integraba en el de Villaviciosa. El agravio ovetense a la villa de Jovellanos sería corregido en Madrid por una orden de las Cortes, de fecha 30 de abril de 1814, aunque el acuerdo se adoptó el 24, que estableció, según la propuesta de la regencia, 14 partidos, uno de ellos sería el de Gijón[86]. Como es lógico, esta decisión de las Cortes no pudo aplicarse hasta 1820, cuando se nombraría a los primeros jueces.

Asturias compartía con toda la cornisa cantábrica el carácter disperso de su hábitat –el censo de 1797 recogía 3.969 entidades de población y 782 parroquias–, pero poseía también una estructura de concejos muy asentada y muy poca extensión de los señoríos, solo el 10% de los núcleos de población y el 9,5% de los habitantes estaban bajo dominio señorial[87]. En la primera etapa constitucional casi no se había modificado el mapa municipal –en 1820 había 73 concejos frente a los 71 tradicionales–, pero ahora se abordará la tarea de cumplir el mandato de la Constitución, así, en 1822 se pasó a 181. Independientemente de los conflictos para delimitar los contornos y establecer las capitales, la fragmentación de los ayuntamientos provocó problemas con el cobro de impuestos atrasados, la colaboración en obras de interés común para varios municipios y la falta de recursos de bienes de propios. Fue una reforma efímera, que, a diferencia de otras provincias, no se retomaría tras la muerte de Fernando VII.

La división provincial de 1822 prácticamente no afectó al principado, aunque sí fue polémico el cambio de nombre[88]. La comisión parlamentaria había realizado la propuesta, que se rechazó, de denominar a algunas provincias con los nombres de los viejos reinos, que ahora veían su territorio dividido, para así conservarlos: Coruña se llamaría Galicia; Barcelona, Cataluña; Zaragoza, Aragón. Fue desechada porque resultaba engañoso y era preferible dejarlos para el conjunto de las regiones, pero Asturias, Navarra y las tres vascas, que seguían siendo provincias como antes de la reforma, sin división alguna, perdieron sus nombres tradicionales, todas tomarían el de su capital[89].

---

[86] Carantoña Álvarez, Francisco, *Revolución liberal y crisis de las instituciones tradicionales, o. c.,* p. 147. *Colección de los decretos y órdenes que han expedido las Cortes ordinarias desde 25 de setiembre de 1813, día de su instalación, hasta 11 de mayo de 1814,* Madrid, Imprenta Nacional, 1820, pp. 202-203. *DSC,* 6 de marzo de 1814, p. 75, y 24de abril de1814, p. 301.

[87] Anes, Gonzalo, *Los señoríos asturianos,* Madrid, Real Academia de la Historia, 1980, pp. 18-19.

[88] Hubo debate sobre la posible segregación del territorio al oeste del río Navia, que se incorporaría a Galicia, y la integración en Asturias de Ribadeva y las Peñamelleras, pero no se aprobó ningún cambio. Los dos concejos orientales pasarían a formar parte de Asturias en 1833. Burgueño, Jesús, "La génesis de la división territorial contemporánea en la España atlántica (Galicia, Asturias, Cantabria y El Bierzo)", *Ería. Revista cuatrimestral de geografía,* 36 (1995), pp. 5-34.

[89] *DSC,* 6 de octubre de1821.

Uno de los defensores de mantener el nombre de Asturias fue el gijonés Juan Nepomuceno San Miguel, pero se opuso radicalmente Juan Romero Alpuente, que aprovechó para lanzar una pulla contra la tendencia de los asturianos a formar un clan: "El señor Romero Alpuente dijo: ¿qué tiene que ver el príncipe de Asturias con la provincia de este nombre? Quédelo en el nombre, y la provincia tome el de la capital que se establezca. La razón principal de haber desaparecido los nombres ¿no es por ventura para que desaparezca el provincialismo? Pues esta es razón suficiente para que a la de Asturias se le mude el nombre, pues en ninguna hay más provincialismo, pues siendo tan pequeña están reconocidos mejor, más unidos por la amistad, y no hay quien les entre; se dice que la constitución denomina al príncipe de Asturias con ese nombre; es verdad, pero no dice que esta provincia ha de llamarse siempre así, sino que el heredero de la monarquía española se ha de llamar príncipe de Asturias"[90]. El argumento de fondo era la necesidad de acabar con el "provincialismo", como se denominaba entonces al regionalismo, y la tendencia federalizante que implicaba. La mayoría de los liberales, especialmente los "exaltados", seguía siendo defensora de la soberanía nacional y contraria a cualquier tendencia disgregadora.

Los ayuntamientos de las principales ciudades serían en esta época claramente liberales y tampoco parece que en los rurales existiese presencia realista destacable, salvo algún caso aislado. El 2 de febrero de 1822 el ayuntamiento gijonés, a propuesta de su nuevo alcalde, Gregorio Jove, acordó una exposición de apoyo a la decisión de las Cortes de censurar al Gobierno –el de Oviedo había aprobado una similar–, pero que respaldaba igualmente el llamamiento a respetar la legalidad y la autoridad del ejecutivo. Jove, vizconde de Campogrande, que ya había tenido una destacada actuación durante la Guerra de la Independencia, se manifestaría como un ferviente liberal. El 17 de enero de 1822 reunió a la corporación municipal gijonesa en sesión extraordinaria, cuya convocatoria rezaba: "Sres. Regidores y demás individuos de ayuntamiento: La esposa del inmortal Riego se halla felizmente en el Pueblo desde la noche anterior; es conforme a mi deber y sentimientos, convocaros para las nueve de esta mañana, a fin de que os sirváis disponer la clase de obsequio que corresponde a este Ayuntamiento tributarle". La falta de recursos y lo breve de la estancia de doña María Teresa condujeron a que el ayuntamiento se limitase a encargar al vizconde, al regidor Feliciano Costales y al procurador Juan Díaz Laviada que fuesen a visitarla y se disculpasen por no tributarle las consideraciones que se merecía[91]. La Milicia Nacional gijonesa desplegó gran actividad en los meses finales del Trienio, aunque no tuvo posibilidad de resistir a las muy superiores fuerzas francesas y realistas en 1823.

---

[90] *El Espectador*, 7de octubre de 1821.
[91] AMG, Actas 1822, 17/1/1822.

VI. Liberales y realistas

Que el sistema constitucional se hubiese restablecido de forma bastante pacífica y sin grandes resistencias no va a suponer que durante el Trienio no existiese agitación política derivada de las diversas estrategias de las corrientes del liberalismo, algo inevitable en un proceso de cambio en el que la profundidad de las reformas abordadas permite definirlas como revolucionarias, ni tampoco que el realismo, inicialmente desconcertado, no reaccionase. Aunque la existencia de diversas tendencias políticas dentro del liberalismo era anterior, suele considerarse que la disolución del Ejército de la Isla y el cese de Riego en el verano de 1820 marcan su división en dos grandes grupos, conocidos en la época como "moderados" y "exaltados", términos que pronto alcanzan carácter peyorativo, aunque el segundo lo tenía desde el principio. La realidad será más compleja y ninguno de los dos será homogéneo, no solo debido a su organización en sociedades, secretas o no, sino a diferencias ideológicas y tácticas.

En el liberalismo moderado pueden distinguirse tres tendencias: los exjosefinos agrupados en torno a los periódicos *El Censor* y *El Imparcial*, progresivamente inclinados hacia el realismo, influyentes con sus publicaciones, pero aislados del resto y duramente criticados por los liberales antibonapartistas, especialmente por los exaltados, pero también por los moderados; los conservadores, partidarios de reformar la Constitución para establecer un parlamento bicameral y fortalecer el poder del rey y que intentan conciliar con los realistas menos radicales y con los estamentos privilegiados, entre ellos estaría el conde de Toreno, y, por último, los doceañistas centristas, que tienen como referencia a Argüelles, son partidarios de respetar la Constitución y en caso de reforma de que se hiciese de acuerdo con lo que dispone, son también más proclives al pacto con los masones exaltados y votaron por la destitución temporal del rey en junio de 1823.

En el caso de los llamados exaltados las corrientes son dos, determinadas por las sociedades secretas: los masones de San Miguel, Riego, Alcalá Galiano e Istúriz y los comuneros de Flórez Estrada, Romero Alpuente, Ballesteros y Regato. Los primeros están más abiertos a los acuerdos con los argüellistas, llegarán a ellos en 1820 y 1823, que, además, eran en buena parte también masones, los segundos se dividirán en 1823 en una corriente pactista, los comuneros constitucionales de Palarea, y otra radical[92]. Estas corrientes de la izquierda liberal, cuyos miembros son conocidos también como "descamisados", son defensoras del mantenimiento íntegro de la Constitución de 1812, con posiciones cercanas a la democracia, y de la libertad de expresión y los derechos de reunión y asociación, también suelen mostrar más sensibilidad por los problemas sociales. Más combativos contra el realismo, criticarán con dureza a los moderados más conservadores y especialmente a los exjosefinos.

---

[92] Carantoña Álvarez, Francisco, "Hacia el surgimiento de los modernos partidos: tendencias políticas y formas de organización en el Trienio Liberal", en Ramón Arnabat-Mata (coord.): *El Trienio Liberal (1820-1823). Revolución, contrarrevolución e impacto internacional*, Tarragona, Universitat Rovira Virgili, Universitat de València, PUZ, 2023, pp. 23-48.

No es fácil establecer la influencia de estas corrientes del liberalismo en Asturias. Probablemente las divisiones estuviesen más atenuadas. Está clara la inclinación moderada, argüellista, del jefe político y de la Diputación, también el apoyo social, no solo popular, a Riego, pero *El Aristarco* muestra simpatías tanto por este como por Argüelles. Sin duda, muchos de los que defino como "argüellistas" tenían estima hacia el conde de Toreno. El ayuntamiento de Oviedo parece inclinado hacia la izquierda en 1821, como la tertulia patriótica, pero es difícil precisar más, aunque no haya dudas con algunas personas, como Ramón López Acevedo, que puede ser incluido en la categoría de los exaltados, pero del que tampoco se sabe si estaba afiliado a alguna sociedad. En Oviedo estaba constituida la merindad 28 de la comunería, pero no se conoce cuántas torres incluía. Se sabe que Juan y Mateo Pérez Villamil, dos tenientes de infantería, fueron procesados por pertenecer a la confederación comunera[93].

El primer conflicto político grave fue originado por el enfrentamiento con el obispo, Gregorio Ceruelo. Ya se había producido uno de características parecidas en la primera etapa constitucional, era entonces obispo Gregorio Hermida. El prelado se había negado a aceptar la supresión de la Inquisición y fue expulsado de la diócesis. Fallecería en 1814, por lo que fue sustituido en 1815 por Ceruelo, como ya se ha indicado, uno de los diputados de las Cortes que había firmado el *Manifiesto de los persas*. Si por ello había sido premiado por Fernando VII con el obispado ovetense, ahora se enfrentaría al decreto que lo obligaba a dejar su cargo por haber traicionado el juramento de la Constitución.

En diciembre de 1820 se negó a firmar una declaración en la que debía aceptar lo dispuesto por las Cortes y a realizar una relación de los honores y empleos a los que debía renunciar. El jefe político le pidió, el día 21, al cabildo que eligiese gobernadores del obispado y, el 22, al obispo que abandonase la diócesis; más de 80 ciudadanos, entre ellos los principales jefes militares, habían firmado una carta en la que se lo exigían. Ceruelo partió el 24 para Benavente –localidad situada fuera de Asturias, pero que pertenecía a la diócesis– y rechazó renunciar al obispado.

A pesar de las reiteradas órdenes del Gobierno, el cabildo se opuso a elegir gobernadores y sostuvo que ejercía las funciones el provisor, el ultra Domingo Vicente de Casas, lo que suponía que el obispo seguía siéndolo, aunque actuase por persona interpuesta. El ayuntamiento de Oviedo envió una exposición a las Cortes el 7 de febrero de 1821, en la que lo acusaba de incumplir el decreto y de que, por medio del provisor, daba órdenes a los arciprestes para que impidiesen la difusión de las del jefe político y obstaculizasen la desamortización

---

[93] Ruiz Jiménez, Marta, *El liberalismo exaltado. La confederación de comuneros españoles durante el Trienio Liberal*, Madrid, Fundamentos, 2007, pp. 152-154. La "Lista de comuneros" que publica esta autora, a partir de las listas de liberales utilizadas para la represión en la década absolutista, solo induce a la confusión del lector confiado, no corrige ningún error de las fuentes que usa –Manuel María de Acevedo aparece como jefe político de Sevilla– e incluye a todo tipo de personajes, algunos tan notoriamente alejados de la comunería como Agustín Argüelles o los hermanos San Miguel.

y, además, apremiaba judicialmente a los arrendatarios de la mitra. El 16, la diputación acordó expresar su apoyo al escrito de la corporación ovetense. Álvaro Flórez Estrada lo defendió también en las Cortes el 18 de abril, exigió al Gobierno que el prelado fuese efectivamente expulsado de su diócesis y que se eligiesen gobernadores. Romero Alpuente fue más duro y pidió explicaciones sobre las causas del retraso, para exigir responsabilidades si fuese necesario[94].

Solo como consecuencia del motín que se produjo el 16 de abril de 1821, en el que fue detenido el provisor, junto con otros realistas, accedió el cabildo, en presencia del propio Manuel María de Acevedo y con la ausencia de los canónigos realistas, presos o huidos, a elegir como gobernadores a los liberales Domingo Somoza, que ese mismo año sería elegido diputado a Cortes por Galicia, y Ramón Valdés Llanos, y como fiscal a Miguel del Riego, canónigo hermano del general.

El obispo no se dio por vencido y, en mayo, recriminó al cabildo su decisión. Se trasladó finalmente a Palencia, con lo que abandonaba la diócesis, pero el Gobierno conservador de Feliú y Bardají, aunque le conminó a que se abstuviese "de toda gestión correspondiente al ejercicio de sus funciones", le concedió un salario anual de 88.000 reales y los atrasos desde el 21 de diciembre, aunque había cobrado las rentas de su mitra hasta el 16 de abril. Esto provocó que *El Aristarco* publicase un duro artículo firmado por M., probablemente *El Momo*[95]. Todavía le concedió otra victoria moral el Gobierno. El nuncio se había negado a reconocer a los gobernadores y a habilitarlos para conceder dispensas matrimoniales porque en la reunión convocada por Acevedo habían sido elegidos bajo coacción. El ejecutivo cedió y pidió que "se rectificase la elección". El cabildo volvió a reunirse el 25 de septiembre y eligió a las mismas personas, pero acordó notificarle formalmente la decisión al obispo. Somoza tuvo que abandonar su puesto en enero de 1822, al haber sido elegido diputado a Cortes. Intentó que su sucesor fuese Miguel del Riego, pero el cabildo eligió al doctoral, Domingo López de la Ferrería, más próximo al obispo.

Las malas relaciones de la autoridad constitucional con el sector más realista de la Iglesia continuaron. Varios canónigos se negaban a salir a recibir al jefe político en los actos religiosos solemnes, se redujo la iluminación de la catedral, se quitaron las luces de los maitines y se suspendieron procesiones, para manifestar la pobreza en que dejaba a la catedral la reducción del diezmo a la mitad. También hubo conflictos por la aplicación de esa reducción del diezmo y otras decisiones de las Cortes. Como en 1813-1814, se intentaba trasmitir a los fieles la idea de que la Iglesia estaba perseguida. En el cabildo de la catedral ovetense había división, un grupo de canónigos –Riego, Suárez del Villar, Somoza, Valdés Llanos, Miguel Fernández Hermida, Juan Jerónimo

---

[94] DSC, 18de abril de 1821, pp. 1121-1122. Cuando se debatió el asunto en las Cortes no se sabía que la elección de gobernadores se había realizado el día anterior.

[95] *El Aristarco*, 24de octubre de 1821.

Couder, y Ramón de Llano Ponte– eran ilustrados o claramente liberales y partidarios de colaborar con las instituciones; otros, como Alfonso Sánchez Ahumada, se mantenían en una tibia indefinición y un tercer sector, encabezado por José Antonio Palacio, arcediano de Gordón, y por Casas, era absolutista y fiel al obispo. Esta división de la iglesia asturiana también se manifestó en las parroquias.

El único motín popular de carácter liberal que se produjo en Asturias después de marzo de 1820 estuvo en buena medida relacionado con la actitud del obispo, aunque debe situarse en el contexto de agitación política que vivió toda España en la primavera de 1821[96]. El cese del Gobierno tras el discurso de "la coletilla" del 1 de marzo había provocado el lógico rechazo de los liberales asturianos, tanto por las relaciones personales de Argüelles, Canga y Valdés, como por la identificación ideológica con ellos de buena parte de los dirigentes regionales. Por otro lado, la disconformidad con el cambio de ejecutivo había sido generalizada en todo el país, desde las Cortes a las provincias; independientemente del prestigio de los ministros salientes, la reconciliación con los masones exaltados había creado una sensación de recuperación de la unidad liberal. El nuevo gabinete, muy conservador, no contaría con apoyo ni en el parlamento ni en la prensa o la calle. La combinación con el descubrimiento del complot de Vinuesa, el surgimiento de facciones realistas en Castilla y, sobre todo, la invasión austriaca de Italia enardeció los ánimos de la opinión liberal y acrecentó el temor a la contrarrevolución.

Según un oficio enviado por el jefe político de Asturias al de Santander el día 18, el motín del 16 de abril estalló al conocerse por el correo los encarcelamientos de realistas que se habían producido en Barcelona. Las noticias de la caída de Nápoles, recibidas en Oviedo el día 12, habían aumentado "hasta un punto increíble la procacia de los enemigos de la constitución"[97], por lo que el ejemplo catalán y una circular del ministro de Gobernación a los jefes políticos del día 9, de ambigua redacción, convencieron a los liberales de que era necesario prender a los serviles más conspicuos.

La circular invitaba los jefes políticos a tomar, junto a los capitanes generales, "todas las medidas que les sugiera su celo, exijan las circunstancias, y estén en sus atribuciones, así para perseguir incansablemente a los enemigos ocultos del sistema, descubrir sus inicuas tramas, entregarlos al brazo del poder judicial, y excitar el celo de este para un pronto y ejemplar castigo, como también para contener toda agitación o movimiento popular, cualquiera que sea el pretexto con que se intente, revistiéndose de toda la entereza necesaria[98]". Lo que le interesaba al Gobierno era, sobre todo, la conservación del orden, como se comprobó poco después, y, en todo caso, que se promoviesen procesamientos de realistas, pero no detenciones indiscriminadas por petición popular.

---

[96] Carantoña Álvarez, Francisco, "1820, una revolución mediterránea. El impacto en España de los acontecimientos de Portugal, Italia y Grecia", *Spagna contemporanea*, 46 (2014), pp. 21-40.

[97] Carantoña Álvarez, Francisco, *Revolución liberal y crisis de las instituciones tradicionales, o. c.*, p. 246.

[98] *Gaceta de Madrid,* 10 de abril de 1821.

También había recibido Acevedo dos pliegos que debía entregar al obispo y al cabildo, pero "se creyó que mandaba cesar en sus funciones al Prelado y Gobernador que había dejado, lo que aumentó la agitación temiendo que la corporación nombrase por sucesores a personas a quienes la opinión pública marca como más contrarias al sistema".

Con la gente en la calle, se reunió el ayuntamiento con jefes militares, algunos magistrados de la audiencia, el juez de primera instancia y "varios ciudadanos condecorados" y acordaron encarcelar al gobernador del obispado en el convento de San Vicente. Según *El Espectador*: "fueron aprehendidos y reclusos el provisor y el fiscal eclesiásticos, el oidor [magistrado] Cavia, el conde de Peñalba y el predicador de santo Domingo; los canónigos Palacio, Montes y Cedrón, el exprovincial de San Francisco, Junco fiscal de la audiencia y el doctor Perera, comprendidos también en el acuerdo, han tenido la fortuna de eludir el golpe; más es probable que caigan en la red, según la vigilancia de las autoridades y la de los agentes del pueblo. Se pasó orden al cabildo para que, conforme a lo anteriormente mandado por el Gobierno, nombrase gobernadores del obispado que mereciesen la confianza pública, y otra al intendente para que procediese a la ocupación de las temporalidades de la mitra, y tomase las providencias propias de las circunstancias; todo lo cual se verificó muy á satisfacción de los buenos"[99].

Los moderados en las Cortes y el Gobierno condenaron esas prisiones, ciertamente realizadas sin garantías, y ordenaron la puesta en libertad de los presos que no pudiesen ser procesados, lo que provocó el enojo del *Aristarco*. Otro articulista se quejaría el 26 de que "varios sujetos de este pueblo" habían firmado un escrito en el que acusaban a una facción y a los jefes de la fuerza armada de haber realizado las prisiones. Según su versión, fueron 33 las personas que asistieron a la junta del 16 de abril y solo 4 eran militares[100].

Los acusados de realistas eran un aristócrata, Juan González Cienfuegos, conde Marcel de Peñalba –sobrino del obispo de Cádiz, también detenido en esas fechas–, un magistrado, un fiscal y siete eclesiásticos. Solo Juan Manuel de Junco dejaría de ser fiscal, Alfonso de Cavia sería trasladado y destinado a la Audiencia de Extremadura. Que se trataba de enemigos de la Constitución era absolutamente cierto. Cavia fue nombrado el 3 de octubre de 1823 alcalde de casa y corte del Consejo de Castilla por la regencia absolutista y después se le encargó instruir el proceso contra Rafael del Riego y formar parte del tribunal que lo condenó a la horca[101].

El incidente provocó un enfrentamiento entre el ayuntamiento de la capital y la diputación, que, en opinión del primero, intentó lavarse después las manos, pero no tuvo repercusiones para el jefe político, a diferencia de los que sucedería en otras provincias.

---

99 *El Espectador*, 25 de abril de1821.
100 *El Aristarco*, 23 y 26 de mayo de1821.
101 *Causa formada en octubre de l823 a virtud de orden de la regencia por el señor alcalde don Alfonso de Cavia contra don Rafael del Riego*, segunda edición, Madrid, Imprenta de D. M. de Burgos, 1835.

En Asturias no hubo movilizaciones realistas significativas hasta 1823. Algunos sucesos anteriores a 1822, todos de escasa importancia, parecen mostrar más un descontento social que ideológico e incluso en la revuelta previa a la invasión francesa lo que prima es el histórico rechazo al reclutamiento de soldados.

En 1820 se produjeron tres incidentes de diverso carácter: en la noche del 7 al 8 de octubre unos 80 vecinos de Santa Eulalia de Nembro, cerca de Luanco, se hicieron con el dinero recaudado para la contribución general y la lista de reparto; el día 14, los monjes de Corias, cerca de Cangas de Tineo, dijeron a sus colonos que les perdonarían la mitad de la renta si se manifestaban contra la ley que iba a suprimir el monasterio, también que había sido asesinado el general Riego, que, por cierto, estaba allí entonces y se encargaría de calmar los ánimos; por último, el 29 de noviembre, un grupo de paisanos, algunos armados con escopetas, cortó el tránsito en la carretera de Castilla, en el puente de Santullano, entre Mieres y Ujo, fueron disueltos por los voluntarios y el ejército. Detrás de incidente de Lena, lo que más se parece a un conato de sublevación realista, estaban absolutistas locales, El Aristarco acusaría al alcalde, Pedro Ronzón, "señor que por serlo" parecía haber esquivado la justicia[102]. Los incidentes registrados en 1821 fueron incluso menores: un tumulto y algunos cánticos, en enero y junio, en la localidad de Grado.

En 1822 se levantaron tres pequeñas partidas, de breve vida. En la madrugada del 29 de junio, un grupo de conjurados, encabezado por el bachiller Alejandro Roces Lamuño, sorprendió a la milicia nacional de Pola de Siero y se apoderó de algunos fusiles, tuvieron un enfrentamiento con la de la vecina Noreña, en el que murió su comandante. La mayoría de los sublevados acabó huyendo y Roces Lamuño sería capturado y ejecutado en noviembre.

La información de El Momo sobre la partida indica que había contado inicialmente con unos 50 hombres, pero que el 3 de julio no quedarían más que 18 o 20. También comentaba que: "la trama [realista] general de la provincia se la llevó el diablo en pruebas, desde los arrestos de Cangas, Villaviciosa y Avilés y sobre todo desde el descubrimiento de la zalagarda que se meditaba en Mieres del Camino y en la Pola de Lena, de cuyas resultas se han puesto en la sombra estos días unos cuantos pájaros de cuenta que no deben ser los últimos. Sé que los principales agentes de la conspiración aquí en Asturias (que los principalísimos han de estar a estas horas en Madrid) se ven ya en un descubierto embarazoso, y la cara les dice la aprensión en que están de que todo el mundo los conoce. Sé que estos sujetos no son de armas tomar, sino de barriga inflar, de buenos tragos sorber, de uno sembrar para ciento coger, de religión fingir y de bobos embaucar"[103].

López Acevedo apuntaba en concreto a algunos miembros del alto clero ovetense, que deberían recibir castigo si la autoridad tuviese suficiente energía. Los detenidos hasta esa fecha debía ser agitadores de menor entidad, la Gaceta

---

[102] El Aristarco, 25 de julio de 1821 y 8 de septiembre de 1821.
[103] El Universal, 13 de julio de 1822.

del 13 de julio informaba escuetamente de que el comandante general había dispersado el 29 de junio a algunos revoltosos en Pola de Lena[104]. Lo interesante es que la abortada conspiración de Asturias coincide, probablemente fuera parte de ella, con la organizada en el conjunto de España que culminó en el fallido golpe de estado de julio en Madrid[105].

El 18 de octubre se levantó en Amieva, con un pequeño grupo de hombres, entre ellos el arcipreste de Sobrefoz, el general Salvador Escandón, un realista apartado del mando en 1820. El 22 fue capturado[106] y moriría el año siguiente en Coruña con los presos del castillo de San Antón. Por último, el 28 de octubre se alzaron el cura de Carceda y José Collar en Cangas de Tineo. Dispersados el 31, tuvieron que huir y fueron capturados poco después, el 8 de noviembre entraron presos en Oviedo. La *Gaceta* pudo afirmar: "En Asturias parece suceder lo contrario que en otras provincias; los jefes caen en poder de los constitucionales, y su gente consigue huir. Lamuño, Escandón y estos dos del día son prueba de ello. Lamuño ha expiado ya sus crímenes en un cadalso en Oviedo"[107]. Algunos realistas gallegos o castellanos hicieron incursiones en Asturias, generalmente cuando intentaban huir de sus perseguidores, pero sin encontrar respaldo.

Independientemente del escaso número de integrantes, lo significativo de estas partidas es que carecieron de apoyo popular y acabaron disueltas en pocos días y buena parte de sus integrantes detenidos o entregados voluntariamente en busca de un indulto. No hubo ninguna movilización campesina en torno a ellas.

Las cosas cambiaron en 1823 con el reclutamiento de tropas para el reemplazo extraordinario ordenado para hacer frente a la amenaza de invasión francesa. En los valles interiores de la zona central se reprodujeron los levantamientos desde febrero. Aunque fuesen alentados por realistas locales, incluidos eclesiásticos, parecen, a la vez, bastante masivos y mal organizados. Los sublevados carecían de armas y disciplina. En Illas, "el decidido Loredo, con solo 17 hombres del resguardo, disipa una multitud de alucinados, mata a dos, impide mil horrores"[108]. Si realmente era una multitud y fue dispersada por 17 hombres, no debía estar ni bien armada ni organizada. Según Acevedo, los sublevados habían sufrido hasta el 22 de marzo 69 muertos, 18 prisioneros y bastantes heridos, mientras las bajas constitucionales eran muy escasas o nulas, lo que atribuyó a "la protección que les brinda el Dios de los ejércitos". La mayor amenaza procedió de la sublevación del concejo de Caso, los rebeldes se trasladaron a Infiesto, que ocuparon tras hacer huir a la milicia y al

---

[104] *Gaceta de Madrid*, 13 de julio de 1822.
[105] La Parra, Emilio, *Los cien mil hijos de San Luis. El ocaso del primer impulso liberal en España*, Madrid, Síntesis, 2007, pp. 89-104.
[106] *Gaceta de Madrid*, 2 y 20 de noviembre de 1822.
[107] *Gaceta de Madrid*, 17 de noviembre de 1822.
[108] Proclama del jefe político, 22 de marzo de 1823; publicada en Ferrero, Manuel, "Asturias en ocasión de los Cien Mil Hijos de San Luis", *BIDEA*, 54 (1965), pp. 157-166, y Vega Arango, Margarita, "Contribución a la historia del tradicionalismo en Asturias. El foco realista de Pola de Siero durante el Trienio Liberal (1820-1823)", *BIDEA*, 79 (1973), pp. 383-388.

resguardo, pero una columna integrada por milicianos nacionales de Oviedo, Gijón y Avilés, algunas tropas regulares y voluntarios los derrotó, les provocó 47 muertos y les hizo 12 prisioneros, los constitucionales no tuvieron un solo herido. Los jueces de Infiesto, Campo de Caso y Villaviciosa se refugiaron en Gijón, dada la inseguridad de sus destinos.

En cualquier caso, la revuelta era geográficamente limitada y a finales de marzo parecía controlada por las milicias locales y las escasas tropas regulares. No parece comparable con lo sucedido en el nordeste y levante, pero sí muestra que los liberales no habían logrado movilizar a la población campesina ante la nueva invasión, más bien todo lo contrario. La respuesta no tiene nada que ver con la de 1808.

VII. El fin del Trienio y la represión absolutista

Si el sorteo extraordinario para el ejército encontró fuerte resistencia en algunos municipios rurales, no sucedió lo mismo en las principales poblaciones. Las actas del ayuntamiento de Gijón incluso recogen un continuo goteo de voluntarios que piden inscribirse en la Milicia Nacional en los primeros meses de 1823, ante la amenaza de una invasión militar desde Francia. El cruce de la frontera por parte del ejército del país vecino, que se produjo el 7 de abril, provocó una nueva detención de realistas en Oviedo y que las autoridades adoptasen disposiciones que recordaban a las establecidas para hacer frente a las periódicas incursiones enemigas durante la Guerra de la Independencia. Al fin y al cabo, tanto Acevedo como muchas de las autoridades civiles y los mandos militares habían participado de una u otra forma en ella.

El día 31 de mayo, cuando los franceses ya habían ocupado Madrid, se recibió un oficio del jefe político de León que advertía de que los enemigos se acercaban a Mansilla de las Mulas, que previsiblemente ocuparían al día siguiente, y pronto caería también la capital de la provincia. El 3 de junio, los presos de Oviedo fueron trasladados a Salas, en previsión de que hubiera que llevarlos a Galicia. El 7 se fletó un bergantín para trasladar los efectos de la fábrica de tabacos de Gijón y los de la hacienda regional a Galicia, otros buques fueron también destinados al envío de pertrechos a la región vecina, que esta vez, debido a la traición del general Morillo, no serviría de refugio para los patriotas asturianos, como había sucedido en el conflicto anterior, aunque sí de puente en el camino hacia el exilio en el Reino Unido.

Por el este avanzaban hacia Asturias las tropas del barón Pierre Antoine François Huber y del realista vasco Francisco Tomás Anchía y Urquiza, conocido como Francisco de Longa, que tuvieron que enfrentarse el 21 de junio, todavía en territorio cántabro, al coronel Juan López Campillo, que solo contaba con un millar de hombres. Las tropas del general Jean Raymond Charles Bourke, conde de Bourke, habían tomado León y desde allí fue enviado el barón Jean-Philippe-Aymar d'Albignac para invadir Asturias por el sur. El 21 atacó los puestos avanzados del puerto de Pajares y, el 22, derrotó a Juan

Palarea cerca de Campomanes[109]. Tanto Campillo, que todavía hizo un intento de reorganizar sus tropas y resistir en Avilés, como Palarea tuvieron que retirarse hacia Galicia. Oviedo fue ocupada el día 24 de junio. Los tres generales franceses mencionados habían participado en la anterior invasión de España, Longa había luchado como guerrillero contra ella, igual que Campillo y Palarea, ahora sus enemigos.

A pesar de los esfuerzos franceses, que solo lograron proteger a algunos liberales –en otros casos, como el del general Riego, se inhibieron–, la represión de 1823 fue especialmente brutal, sin parangón en la historia precedente y solo comparable a la ejercida por los vencedores en la guerra civil de 1936-1939. A la violencia inicial de las bandas realistas se sumó pronto un amplio aparato represivo. Se crearon comisiones militares para que dictasen sentencias sumarias sin las debidas garantías procesales. El uso de tribunales militares para juzgar a civiles en tiempo de paz es un verdadero precedente de los consejos de guerra franquistas. Todo el aparato del Estado fue sometido a depuración, empleados públicos, militares, incluso los estudiantes universitarios. Las "juntas de purificación" realizaron procedimientos secretos, a partir de delaciones que también lo eran y con declaraciones de sacerdotes y realistas significados que conociesen al inculpado; el "impurificado" se convertía en un muerto civil, privado de estudiar o de cualquier relación con la administración. "Juntas de Fe" perseguían a quienes fuesen acusados de irreligiosos. La creación de la policía en 1824 modernizó la persecución de los disidentes políticos, aunque es cierto que esta institución intentó también que se respetasen las leyes y poner coto a la violencia indiscriminada que ejercían los ultras y los voluntarios realistas. Las instituciones eclesiásticas realizaron su particular depuración del clero liberal o ilustrado. Por supuesto, continuó la labor de la justicia ordinaria, ahora solo en manos de magistrados y fiscales realistas. Las condenas solían incluir la confiscación de los bienes, que dejaba a las familias en la indigencia.

Los liberales asturianos más conspicuos sufrieron tres grandes procesos, además de los que afectarían a tantas personas menos conocidas: el de los diputados de las Cortes de 1822-1823, el de los implicados en la sublevación de febrero de 1820 y el que afectó a los miembros de la Junta de Gobierno. El de los diputados es bien conocido, tres –Agustín Argüelles, Rodrigo Valdés Busto y José Canga Argüelles– fueron condenados a muerte por la Audiencia de Sevilla en julio de 1826; Rafael del Riego lo había sido por el mismo delito, haber votado la inhabilitación temporal del rey, en 1824 y fue el único que murió en el cadalso, los otros tres lograron refugiarse en Inglaterra.

La sentencia contra los participantes más destacados en la sublevación fue dictada por la Audiencia de Asturias el 31 de julio de 1827. Como ya se ha señalado, 11 personas fueron condenadas a muerte por garrote vil y confiscación de bienes, aunque ninguna había sido capturada. Otras 28 –26 de ellas estudiantes, un capitán retirado y un sastre– fueron condenadas a ocho años de pre-

---

[109] *Gaceta de Madrid*, suplemento, 1de julio de 1823.

sidio en Ceuta y al pago de las costas del proceso, a lo que también se dedicarían los bienes de los fallecidos José Candamo, Pablo Marcos Suárez y Francisco Caso Valdés[110].

Los integrantes de la Junta sufrieron un proceso penal específico desde 1823, paralelo al abierto contra los protagonistas del levantamiento, aunque algunos, como Ramón de la Pola, Ramón Gil Couder y Pedro Álvarez Celleruelo, estuvieron encausados en los dos. Solo tres pudieron ser apresados: José Argüelles Meres, Juan Argüelles Toral y José Rodríguez Busto. El resto pudo ocultarse y probablemente la mayoría refugiarse en el exilio. Así se libraron de la Pola, Gil Couder y Álvarez Celleruelo del patíbulo[111]. Tras una larga instrucción, que pasaron encarcelados, y dos juicios y recursos del fiscal al Consejo de Castilla –había pedido para ellos la pena de muerte porque privar al rey de sus prerrogativas era como asesinarlo– el Consejo consideró que sus casos estaban incluidos en la amnistía de 1824 y Argüelles Meres, Argüelles Toral y Rodríguez Busto fueron liberados el 18 de julio de 1828, cuando, tras la revuelta de los agraviados, Fernando VII comenzaba a suavizar la represión contra los liberales más moderados. Detrás quedaban cinco años de vejaciones y prisión en condiciones especialmente duras y por delante el estigma de haberse convertido en parias liberales, la plena rehabilitación no llegaría hasta la muerte del rey[112].

Rodríguez Busto señala el trato discriminatorio que sufrieron los tres vocales encarcelados frente a otras autoridades que habían jurado la Constitución antes de la decisión del rey y se libraron de la persecución judicial y, sobre todo, porque el marqués de San Esteban no fue incriminado, a pesar de haber formado parte de la Junta en los momentos iniciales y de haber firmado sus proclamas[113]. En realidad, el marqués había sido denunciado en julio de 1823 por los miembros de la junta del Real Hospicio por su participación en los sucesos del 16 de abril de 1821. Tuvo que abandonar el ayuntamiento ovetense y la Diputación del Principado, temporalmente repuesta, pero fue rehabilitado en noviembre. Tampoco sufrió la represión el marqués de Vistalegre, pero el marqués de Ferrera perdió sus bienes, honores y privilegios y Gregorio Jove, vizconde de Campogrande, fue impurificado, por lo que perdió su grado militar, y, cuando su hermano fue condenado, devolvió al rey el título de vizconde[114].

La represión afectó con dureza a los eclesiásticos liberales. Domingo Somoza, y Miguel del Riego lograron exiliarse, pero Suárez del Villar, Juan Jerónimo Couder, Valdés Llanos y Llano Ponte sería procesados y recluidos,

---

[110] *Expediente sobre la rebelión ocurrida en Oviedo en los días 28 y 29 de febrero de 1820 por Ramón de la Pola, coronel de Artillería, y otros*, Archivo de la Real Chancillería de Valladolid, Gobierno de la Sala del Crimen, caja 54, 2. Parece que Manuel Rodríguez Valentín se exilió en Italia y falleció en Roma. Santullano, Gabriel, *o. c.*, p. 256.

[111] Al menos, Pola, Peón, Álvarez Celleruelo y Gil Couder se exiliaron en Londres. Sanz Testón, Gloria, *o. c.*; Santullano, Gabriel, *o. c.*

[112] Rodríguez Busto, José, *o. c.*, pp. 43-48.

[113] Rodríguez Busto, José, *o. c.*, p. 40.

[114] López del Riego, Visitación, "Gregorio Jove, aportación documental a su biografía", BIDEA 92 (1977), p. 701. Actas de la Diputación del Principado, 21 de julio, 11 de octubre y 27 y 28 de noviembre de 1823.

como Francisco Martínez Marina.

El número de asturianos exiliados fue notable, de muchos, como los ministros, la mayoría de los diputados, el jefe político o López Acevedo y Álvarez Celleruelo, ya se ha mencionado esa circunstancia, también lograron salir de España José María García del Busto, empleados, militares como Santos San Miguel o Méndez de Vigo; pueden encontrarse bastantes de sus nombres en las obras citadas de Sanz Testón y Santullano, aunque hay bastantes casos de los que no se conoce el paradero durante la ominosa década.

Así, de forma trágica, con una invasión extranjera, con una dura represión y la derogación de las reformas liberales, finalizó una etapa singular de la historia de España y de Asturias, también de la universal, que, a pesar de su derrota, sentó las bases del cambio que se produciría no muchos años más tarde. No está de más recordar a quienes hace doscientos años se jugaron la vida y sus haciendas y profesiones por la libertad y por la regeneración de su país.

BIBLIOGRAFÍA

Aguilar, María Jesús, *La imagen del Trienio Liberal en Asturias*, Oviedo, Universidad de Oviedo, 1999.

Anes, Gonzalo, *Los señoríos asturianos*, Madrid, Real Academia de la Historia, 1980.

Artola, Miguel, *La España de Fernando VII*, Madrid, Espasa Calpe, 1978.

Arnabat Mata, Ramón, "La Milicia Nacional Voluntaria en Cataluña durante el Trienio Liberal (1820-1823): Una aproximación sociológica y geográfica", *Hispania: Revista española de historia*, 270 (2022), pp. 107-139.

Arnabat Mata, Ramón, "El Trienio Constitucional (18201823): revolución y contrarrevolución", *Ayer*, 127 (2022), pp. 23-51.

Astur, Eugenia (Enriqueta García Infanzón), *Riego*, Oviedo, Junta General del Principado de Asturias, 1984 [1933].

Bellmunt, Octavio y Canella, Fermín, *Asturias*, Gijón, Fototip, y tip. de O. Bellmunt, 1897.

Burgueño, Jesús, "La génesis de la división territorial contemporánea en la España atlántica (Galicia, Asturias, Cantabria y El Bierzo)", *Ería. Revista cuatrimestral de geografía*, 36 (1995), pp. 5-34.

Canella, Fermín, *El libro de Oviedo*, Oviedo, Imprenta de Vicente Brid, 1887.

Canella, Fermín, *Representación asturiana administrativa y política desde 1808 a 1915*, Oviedo, Imprenta de Flórez, 1915.

Carantoña Álvarez, Francisco, *Revolución liberal y crisis de las instituciones tradicionales asturianas*, Gijón, Silverio Cañada Editor, 1989.

Carantoña Álvarez, Francisco, "El reinado de Fernando VII (1808-1833)", en Francisco Carantoña Álvarez (dir.), *La Historia de León*. Vol. IV *Historia Contemporánea*, León, Universidad de León, 2000, pp. 106-163.

Carantoña Álvarez, Francisco, "Soberanía y derechos constitucionales: la Junta Suprema de Asturias (1808-1809)", *Trienio*, 55 (2010), pp. 5-55.

Carantoña Álvarez, Francisco, "1820, una revolución mediterránea. El impacto en España de los acontecimientos de Portugal, Italia y Grecia", *Spagna contemporanea*, 46 (2014), pp. 21-40.

Carantoña Álvarez, Francisco, "Hacia el surgimiento de los modernos partidos: tendencias políticas y formas de organización en el Trienio Liberal", en Ramón Arnabat Mata (coord.), *El Trienio Liberal (1820-1823). Revolución, contrarrevolución e impacto internacional*, Tarragona, Universitat Rovira Virgili, 2023, pp. 23-48.

Carantoña Álvarez, Francisco, "Manuel María de Acevedo, un liberal moderadamente progresista con tardía leyenda de radical", *Investigaciones Históricas, época moderna y contemporánea*, Extraordinario II (2024), pp. 217-238. DOI: https://doi.org/10.24197/ihemc.0.2024.217-238

Dufour, Gérard, (Estudio preliminar y presentación) *Sermones revolucionaros del Trienio Liberal (1820-1823)*, Alicante, Instituto de Cultura Juan Gil Albert, 1991.

Dufour, Gérard (ed.), *De ¡Viva Riegoooo! A ¡Muera Riego! Antología poética (1820-1823),* Zaragoza, PUZ, 2019.

Fernández Avello, Manuel, *Historia del periodismo asturiano*, Salinas, Ayalga, 1976.

Fernández Martín, Manuel, *Derecho Parlamentario Español*, vol. 3, Madrid, Establecimiento Tipográfico Hijos de J. A. García, 1900.

Fernández Pérez, Adolfo y Friera Suárez, Florencio (coords.), *Historia de Asturias*, Oviedo, KRK, 2005.

Fernández Sarasola, Ignacio, *Los constituyentes asturianos en las Cortes de Cádiz*, Gijón, Trea, 2012.

Fernández Torres, Luis, "Las sociedades patrióticas y el reconocimiento implícito de las libertades de expresión y asociación", en Ignacio Fernández Sarasola y Manuel Chust (coords.), *El Trienio Liberal (1820-1823) Los umbrales del constitucionalismo en la monarquía española: entre la teoría y la práctica*, Madrid, Centro de Estudios Políticos y Constitucionales, 2023, pp. 263-301.

Ferrero, Manuel, "Asturias en ocasión de los Cien Mil Hijos de San Luis", *BIDEA*, 54 (1965), pp. 157-166.

Flórez Estrada, Álvaro, *Representación hecha a S. M. C. el Señor Don Fernando VII en defensa de las Cortes*, Madrid, Endymion, 2010 [1818].

Fuentes, Juan Francisco, "La formación de la clase política del liberalismo español: análisis de los cargos públicos del Trienio Liberal", *Historia Constitucional*, 3 (2002), pp. 19-37.

Fuertes Acevedo, Máximo, *Bosquejo que alcanzó en todas las épocas la literatura en Asturias*, Badajoz, Tipografía la Industria, 1885.

Gil Novales, Alberto, *Las sociedades patrióticas*, 2 vols., Madrid, Tecnos, 1975.

Gil Novales, Alberto, *Diccionario biográfico de España (1808-1833)*, 3 vols., Madrid, Fundación MAPFRE, 2010.

La Parra, Emilio, *Los cien mil hijos de San Luis. El ocaso del primer impulso liberal en España*, Madrid, Síntesis, 2007.

Larriba, Elisabel, "La prensa", en Pedro Rújula e Ivana Frasquet (coords.), *El Trienio Liberal (1820-1823). Una mirada política*, Granada, Comares, 2020, pp. 187-211.

Larriba, Elisabel, "La prensa de provincias", en Ivana Frasquet y Pedro Rújula (coords.), *El Trienio Liberal en la Monarquía Hispánica (1820-1823) Constitución y territorio*, vol. I, Granada, Comares, 2024, pp. 57-78.

Luis, Jean-Philippe, "Élites", en Pedro Rújula e Ivana Frasquet (coords.), *El Trienio Liberal (1820-1823). Una mirada política*, Granada, Comares, 2020, pp. 311-335.

López del Riego, Visitación, "Gregorio Jove, aportación documental a su biografía", BIDEA 92 (1977), pp. 677-704.

Madoz, Pascual, *Diccionario Geográfico-Estadístico-Histórico de España. Asturias*, Valladolid, Ámbito, 1985 [1845-1850].

Martín-Lanuza, Alberto, *Diccionario biográfico del generalato español. Reinados de Carlos IV y Fernando VII (1788-1833)*, Madrid, FEHME, 2012.

Martín-Lanuza, Alberto, *Diccionario biográfico de los coroneles del ejército español. Reinados de Carlos IV y Fernando VII (1788-1833)*, 3 vols., Navarra, FEHME, 2022.

Moliner Prada, Antonio, "Las Juntas durante el Trienio Liberal", *Hispania*, 195 (1997), pp. 147-181.

Morange, Claude, *En los orígenes del moderantismo decimonónico. El Censor (1820-1822): promotores, doctrina e índice*, Salamanca, Universidad de Salamanca, 2019.

Ozouf, Mona, *La fiesta revolucionaria, 1789-1799*, Zaragoza, PUZ, 2020 [1976].

Pando, Manuel (marqués de Miraflores), *Apuntes histórico-críticos para escribir la historia de la revolución de España, desde el año 1820 hasta 1823*, Londres, Oficina de Ricardo Taylor, 1834.

París, Álvaro, "Milicia Nacional", en Pedro Rújula e Ivana Frasquet (coords.), *El Trienio Liberal (1820-1823). Una mirada política*, Granada, Comares, 2020, pp. 239-262.

Pérez Garzón, Juan S., *Milicia Nacional y Revolución Burguesa*, Madrid, CSIC, 1978.

Prot, Frédéric, "La opción republicana en *El Español constitucional* (1818-1820 / 1824-1825)", en *Hispanismes. Revue de la Société des Hispanistes Français*, Hors-série 1 | 2017, pp. 165-184. https://doi.org/10.4000/hispanismes.12914

Queipo de Llano, José María (conde de Toreno), *Noticia de los principales sucesos del Gobierno de España (1808-1814)*, Pamplona, Urgoiti, 2008 [1820].

Roca Vernet, Jordi, "Las sociedades patrióticas del liberalismo exaltado al liberalismo democrático (1820-1854): una práctica de sociabilidad formal liberal", en Ramón Arnabat y Monserrat Duch (coords.), *Historia de la sociabilidad contemporánea: del asociacionismo a las redes sociales*, Valencia, PUV, 2014, pp. 39-68.

Roca Vernet, Jordi, "Sociedades patrióticas", en Pedro Rújula e Ivana Frasquet (coords.), *El Trienio Liberal (1820-1823). Una mirada política*, Granada, Comares, 2020, pp. 239-262.

Roca Vernet, Jordi, "La milicia nacional o la ciudadanía armada. El contrapoder revolucionario frente al liberalismo institucional", *Bulletin d'Histoire Contemporaine de l'Espagne*, 54 (2020), DOI: https://doi.org/10.4000/bhce.2598

Rodríguez Busto, José, *Apuntes biográficos de don José Rodríguez Busto*, Madrid, Imprenta de Julián Peña, 1856.

Rodríguez Infiesta, Víctor, "La prensa en Asturias hasta el Sexenio Democrático. Una visión de conjunto", en Jorge Uría (coord.), *Historia de la prensa en Asturias* I, Oviedo, Asociación de la Prensa de Oviedo, 2004, pp. 47-68.

Romera, Ángel, *El Zurriago (1821-1823). Un periódico Revolucionario*, Cádiz, Ayuntamiento de Cádiz, 2005.

Ruiz Jiménez, Marta, *El liberalismo exaltado. La confederación de comuneros españoles durante el Trienio Liberal*, Madrid, Fundamentos, 2007.

San Miguel, Evaristo (atribuido), *Observaciones sobre la Historia Moderna del siglo XIX, desde la Guerra de la Independencia hasta la caída del Gobierno Constitucional en 1823*, Castellón, Oficina de Gutiérrez, 1835.

Santullano, Gabriel, *Del hierro y del fuego*, vol. II, *Nómina de represaliados*, Gijón, Ateneo Obrero, 2001.

Sanz Testón, Gloria, "Isidro Suárez del Villar", *Trienio*, 37 (2001), pp. 63-86.

Sanz Testón, Gloria, *Liberales asturianos exiliados en Inglaterra, 1814-1846*, Gijón, Sociedad Cultural Gijonesa, 1996.

Vega Arango, Margarita, "Contribución a la historia del tradicionalismo en Asturias. El foco realista de Pola de Siero durante el Trienio Liberal (1820-1823)", *BIDEA*, 79 (1973), pp. 383-388.

FERNANDO VII Y RIEGO, REFERENTES EN EL TRIENIO LIBERAL

Dr. Emilio La Parra López
Catedrático de Historia Contemporánea
de la Universidad de Alicante

I. Introducción

Los historiadores actuales coinciden en señalar que no cabe reducir la pugna política durante el Trienio Liberal a la disyuntiva absolutismo/liberalismo. Ninguna de estas tendencias constituyó un bloque homogéneo definido por sus principios y objetivos, sino que hubo entrecruzamiento de temas y propuestas, y en el interior de cada bloque se distinguen corrientes dotadas de rasgos propios, con diferencias a veces significativas.

Desde un enfoque muy general, cabe situar en el campo del absolutismo a una parte considerable de la población, tal vez la más numerosa, pues a la mayoría del cuerpo eclesiástico y de la aristocracia habría que sumar el grueso de la sociedad rural, así como sectores artesanales urbanos, afectados por los cambios provocados por la política liberal. Las aspiraciones de estos colectivos configuraron un amplio arco, desde las de los nostálgicos del Antiguo Régimen, partidarios de la continuidad de las instituciones, usos políticos, formas de vida propias del tiempo anterior y privilegios (los fueros particulares, personales y territoriales), hasta la postura extrema –el ultra realismo–, tan empeñada en acabar con el liberalismo, como en sustituir la monarquía del Antiguo Régimen por otra, en la que el rey gozara de la plena soberanía, pero limitado en el ejercicio de su poder por los principios religiosos, cuyo intérprete legítimo era la jerarquía eclesiástica. Entre los nostálgicos del Antiguo Régimen se contaban quienes hasta cierto punto asumían la política regalista y no rechazaban determinadas reformas administrativas propias de la monarquía tradicional borbónica, pero los ultras propugnaban un régimen teocrático de sesgo medieval con la Inquisición como estandarte (una de las principales y reiteradas demandas de esta corriente fue el restablecimiento en su pleno vigor del temible tribunal, suprimido en 1820.)

En cuanto al bloque liberal, de composición social asimismo heterogénea, es usual dividirlo entre moderados y exaltados. Los primeros intentaron un equilibrio entre el poder del rey y el de las Cortes, eran partidarios de dejar el gobierno en manos de una selecta minoría, única capaz a su juicio de desempeñarlo, y se preocuparon sobremanera por la conservación del orden social. Los llamados exaltados, cuyo rasgo más acusado fue su fidelidad al principio de soberanía nacional definido en la Constitución de 1812, abogaron por profundizar en los cambios y abrir la participación política a las clases populares, al tiempo que defendieron por encima de todo el mantenimiento íntegro del texto constitucional; coincidieron con los moderados en la defensa de la propiedad privada y de los derechos individuales. Los exaltados estuvieron divididos, a su vez, en distintas opciones políticas, alguna aproximada al republicanismo teórico, si bien no se llegó a proponer la implantación en la práctica de un régimen de esta naturaleza, pues la cultura monárquica todavía mantenía su hegemonía en España.

Si centramos la atención en los individuos, constatamos que no pocos transitaron con relativa naturalidad de un campo a otro, condicionados por su personalidad y por el lugar ocupado en la sociedad, de manera que no es fácil el encasillamiento en los bloques generales de bastantes de ellos, incluso los más relevantes políticamente. Así pues, resulta muy imprecisa la clásica distinción entre "doceañistas" y "veinteañistas". Con los años hubo mudanzas y dubitaciones, todo lo cual incrementa la complejidad de este tiempo histórico de intensa politización.

El binomio liberalismo/absolutismo es útil en el análisis de las opciones políticas del Trienio –a veces incluso necesario instrumentalmente– si se toman ciertas precauciones, pero no acaba de expresar el auténtico problema político de este tiempo. Los contemporáneos, así españoles como europeos, concedieron relevancia al choque entre ambos bloques y aludieron continuamente a ello, pero entendieron que lo que efectivamente estaba en juego no era la simple diferenciación partidista, a pesar de que en el Trienio se delineó el sistema de partidos en España[1], sino la continuidad o el fin de la revolución. La antítesis revolución/contrarrevolución constituyó el núcleo político de este tiempo, y los españoles la personificaron respectivamente en Rafael del Riego y Fernando VII.

Ahora bien, el conjunto del bloque liberal no se sintió representado por Riego, ni este intentó tal cosa. Su persona fue tomada como referente por los exaltados, pero nunca gozó del apoyo de los moderados, quienes continuamente emprendieron graves acciones en su contra, como ha estudiado Clara Álvarez[2]. En consecuencia, Riego no encarnó a juicio de sus contemporáneos el liberalismo en su conjunto, sino el ala o espíritu revolucionario. Fue aclamado como el héroe de la revolución, y así continuaron haciéndolo los liberales avanzados en décadas posteriores, cual reflejan las orlas dedicadas durante el siglo XIX a los héroes de la revolución, o "mártires de la libertad", en cuyo centro siempre figuró el retrato de Riego.

Tampoco Fernando VII fue tomado como referente por la totalidad del denominado bloque absolutista, o realista, en el lenguaje de la época. En cierto

---

[1]   Alberto GIL NOVALES, *Las sociedades patrióticas (1820-1823). Las libertades de expresión y de reunión en el origen de los partidos políticos*, Madrid, Tecnos, 1975, vol. I, e Ignacio FERNÁNDEZ SARASOLA, (2009), *Los partidos políticos en el pensamiento español. De la Ilustración a nuestros días*, Madrid, Marcial Pons, 2009.
[2]   Clara ÁLVAREZ ALONSO, *Rafael del Riego. Una vida constitucional*, Madrid, Dykinson, 2021.

modo se le reconoció este carácter en 1814 y los años inmediatos posteriores, cuando todos los adversarios del liberalismo confiaron en la promesa de borrar de en medio del tiempo la obra de las Cortes de Cádiz lanzada por el rey en su decreto-manifiesto del 4 de mayo de ese año. Sin embargo, a medida que transcurrió el Trienio Liberal se fue entibiando el apoyo de los sectores extremistas, progresivamente más inclinados hacia su hermano Carlos María Isidro. Aun así, todos, incluso los ultras realistas, siempre consideraron a Fernando VII baluarte contra la revolución, de ahí el éxito de la contraposición entre el rey y el héroe revolucionario Riego.

Riego y Fernando VII pretendieron cambiar España, cada cual en dirección diferente. Por esta razón, y porque así se creyó en su tiempo, cual se acaba de decir, tiene sentido la confrontación entre ambos. Este ejercicio permite calibrar hasta qué punto los españoles entendieron la auténtica disyuntiva del momento: o proseguir la vía revolucionaria liberal fundada en la Constitución aprobada por las Cortes de Cádiz, o, por el contrario, borrar del tiempo esta norma y cuanto implicaba. En calidad de representante –o personificación– de la vía revolucionaria, Riego se impuso la aplicación de la Constitución de 1812 con todas sus consecuencias. Las siguientes palabras, pronunciadas por él en abril de 1823 en las Cortes, resumen perfectamente su actitud: "Todos saben que yo no puedo vivir en España sin constitución".[3] Fernando VII la rechazó, pero no se limitó a la simple oposición, sino que aspiró a instaurar una nueva política, que, por supuesto, no era la liberal, pero tampoco la restauración del modelo del Antiguo Régimen; es decir, su proyecto significó la contrarrevolución, el establecimiento de un nuevo sistema.

En el plano de las relaciones personales, Fernando VII nunca dejó de mostrar desprecio hacia Riego, mientras que, por el contrario, este último se mantuvo respetuoso con el rey definido por la Constitución, esto es, el rey constitucional[4], si bien rechazó la figura del soberano absoluto. Múltiples datos y anécdotas ilustran la distancia entre ambos, pero en aras a la brevedad aquí exigida, valgan simplemente tres. En 1822 el rey no acudió a la apertura de las Cortes presididas por Riego, "por no hallarse en careo y mano a mano con el turbulento caudillo, a quien sinceramente odiaba," escribió Mesonero Romanos con escasa simpatía hacia Riego[5]. En 1823, el monarca pospuso su llegada a Madrid hasta después de la ejecución de Riego; temió que su entrada en la capital del reino en calidad de rey "neto", es decir, no limitado por el texto constitucional, quedara empañada por el simple hecho de que el héroe revolucionario permaneciera con vida, aunque ya en muy precarias condiciones físicas y morales debido a las penalidades sufridas en la prisión y a las calumnias e insultos vertidas por la propaganda absolutista. Poco antes, Riego dio una muestra de escaso respeto hacia el rey (tal vez fue una de las pocas en este

---

[3] Con esta frase abre Clara Álvarez su libro: *Rafael del Riego...*, op. cit.
[4] Este rasgo de Riego está desarrollado y perfectamente justificado en la biografía que le ha dedicado Víctor Sánchez Martín, sin duda la más completa hasta el momento: *Rafael del Riego. Símbolo de la revolución liberal,* Oviedo, In Itinere, 2024.
[5] Ramón de MESONERO ROMANOS, *Memorias de un setentón,* Madrid, Tebas, 1975, p. 220.

sentido). Ocurrió en junio de 1823, cuando Fernando VII se negó en redondo a trasladarse desde Sevilla a Cádiz, tal como dispusieron las Cortes para evitar que cayera en manos de los invasores franceses. En el transcurso de las difíciles negociaciones para convencer al monarca de la imperiosa necesidad de hacer el viaje, un instante de máxima tensión, Riego se ofreció a la Regencia constitucional –en ese momento ejercía el poder ejecutivo, tras la suspensión temporal de Fernando VII en sus funciones acordada por las Cortes– "a hacer que saliese sin dilación", y en un aparte, comentó al general Vigodet, uno de los regentes, que lo haría salir "como un corderito"[6].

Existe una diferencia muy reseñable en las anécdotas referidas: el rey manifestó su desprecio –y algo más– hacia Riego en actos públicos, mientras este último lo hizo en privado, y como se puede constatar en la anécdota referida, ante el comportamiento no constitucional del monarca.

II. Fernando VII, referente de la contrarrevolución

A su regreso de Valençay en 1814, Fernando VII suprimió la Constitución mediante un golpe de Estado. En 1820 la juró, porque no tuvo más remedio que aceptar el éxito del pronunciamiento iniciado en Las Cabezas de San Juan por Riego y otros militares, pero ni la asumió, ni nunca estuvo dispuesto a cumplirla, y por tanto consideró ilegítimas las instituciones derivadas de ella, de forma especial las Cortes elegidas por los ciudadanos, e hizo cuanto pudo para impedir la consolidación del régimen basado en ella.

En un principio, el rey se creyó capaz de cumplir este cometido con sus propias fuerzas, esto es, confió en la capacidad de acción de sus fieles del interior, sin el recurso a la intervención directa de otras monarquías europeas, aunque sin desdeñar su apoyo, fuera por la vía diplomática u otras. Con este fin, se apresuró desde 1820 a organizar la contrarrevolución mediante múltiples procedimientos. Obstaculizó en la medida de sus posibilidades la obra de las Cortes y siempre despreció a los diputados, así como a los ministros nombrados por él mismo en virtud del mandato constitucional, de manera que los sucesivos gobiernos, fueran moderados o avanzados, no pudieron desarrollar una política coherente. Maniobró para desprestigiar al régimen ante los reyes europeos, bien directamente, mediante cartas personales, bien indirectamente, a través de los embajadores y de agentes especiales designados para esa finalidad. Alentó en la prensa y en los púlpitos la propaganda anticonstitucional, potenció la organización de sociedades destinadas a resistir y desestabilizar el régimen, impulsó desórdenes callejeros a través de agitadores designados desde el palacio real (son bien conocidas las maniobras de José Manuel del Regato), organizó partidas armadas, etc. Incluso en dos ocasiones recurrió de nuevo al

---

[6] La anécdota la refiere Gabriel Ciscar, a quien cabe atribuir toda credibilidad, en una nota encontrada entre sus papeles inéditos (cit. por Emilio LA PARRA, *El Regente Gabriel Ciscar. Ciencia y revolución en la España romántica,* Madrid, Compañía Literaria, 1995, p. 242.).

golpe de Estado: uno fue descubierto en 1821 en su fase de preparación (fue la llamada conspiración de Minuesa) y el otro se intentó poner en práctica al inicio de julio de 1822, pero la reacción de los constitucionales lo hizo fracasar.

A finales de 1822, las autoridades y el ejército constitucional habían controlado las sociedades orquestadas para derrocar el régimen constitucional, así como a las partidas armadas realistas, abundantes en la mitad septentrional del país. Muchos de los guerrilleros y los más destacados dirigentes de las organizaciones anticonstitucionales se habían visto obligados a pasar los Pirineos. Tal fiasco impulsó a Fernando VII y su entorno a cambiar de táctica: ya no lo cifraron todo en las fuerzas del interior, y recurrieron a la intervención militar extranjera. Por razones obvias, Fernando VII solicitó la ayuda del autócrata zar de Rusia, pero aparte de otras consideraciones diplomáticas, en aquella coyuntura era materialmente imposible el envío de una fuerza armada rusa a nuestra Península, de manera que el rey hubo de conformarse con la intervención de un ejército francés, el conocido como "Los Cien Mil Hijos de San Luis."

Las fuerzas invasoras francesas penetraron en España a partir del 7 de abril de 1823, acompañadas de los realistas españoles integrantes del llamado "Ejército de la Fe". Desde ese momento, Fernando VII hizo cuanto estuvo en su mano para facilitar la ocupación de su propio reino por tropas extranjeras. La campaña militar fue un éxito para los franceses, aunque no resultó escasa la resistencia constitucional. Desde la óptica política se saldó en un clamoroso fracaso de Francia, porque su Gobierno pretendió sustituir el régimen revolucionario basado en la Constitución de 1812 por el antirrevolucionario fundado en la Carta Otorgada en 1814 por Luis XVIII, pero Fernando VII lo impidió. Resistió las presiones de Francia (así como las de otras potencias europeas, como el Reino Unido), y se negó a asumir un régimen constitucional, por muy moderado o favorable al poder real que fuera. A partir de octubre de 1823, tras la victoria sobre los constitucionales, impuso su política contrarrevolucionaria.

De adalid antirrevolucionario, Fernando VII pasó a ser prototipo de la contrarrevolución, entendida a su manera. Su política consistió en el control personal del poder, sin limitaciones institucionales ni de cualquier otro tipo, para lo cual se valió de la represión de toda disidencia y de unos servidores cuya única pauta de comportamiento fue la fidelidad ciega a su señor. Fernando VII gobernó de acuerdo con sus intereses personales, como un déspota –al decir de algunos, como un tirano–, atento solo a los consejos que en cada ocasión le convenían, sin ajustarse a normas ni a precedente específico alguno, cual nadie lo haría después. Según apuntara Miguel Artola y concretara Brian Hamnett, el régimen político de Fernando VII "nunca llegó a adquirir un carácter definible," fue sui generis[7].

---

[7] Brian R. HAMNETT, (1985), *La política española en una época revolucionaria, 1790-1820,* México, Fondo de Cultura Económica, 1985, pp. 204 y 212. Véase asimismo Miguel ARTOLA, *Antiguo Régimen y revolución liberal,* Barcelona, Ariel, 1978 y Emilio LA PARRA, *Fernando VII. Un rey deseado y detestado,* Barcelona, Tusquets, 2018.

III. Riego, héroe de la revolución

La opinión general atribuyó a Riego el protagonismo en la implantación de la Constitución en 1820. En ello coincidieron absolutistas y liberales, aunque con interpretaciones bien distintas, las cuales fueron determinantes para configurar la imagen del asturiano. Los primeros resaltaron la traición al rey de Riego y sus compañeros de armas y presagiaron un futuro negro para España. Este parecer fue expuesto con toda claridad por Giacomo Giustiniani, nuncio de la Santa Sede. Antes de tener constancia del triunfo del pronunciamiento de Las Cabezas de San Juan, se apresuró a escribir a sus superiores de la Curia Romana: "Dios no querrá permitir jamás que triunfe, en daño de la religión y del augusto príncipe que la protege, la causa de los rebeldes"[8]. Era lo más duro que se podía imputar a la iniciativa de Riego, pues poner en peligro la continuidad del catolicismo y de la monarquía –según el nuncio, en esto consistía la revolución– significaba eliminar los dos rasgos históricamente definitorios de España, lo cual suponía su destrucción. Dada su indiscutible influencia sobre el episcopado español, el juicio de Giustiniani sobrepasó con mucho su cometido como representante diplomático, y se convirtió en guía del pensamiento y acción del cuerpo eclesiástico y de no pocos laicos. Los argumentos empleados por Giustiniani en su sistemática oposición a la política reformista de las Cortes durante el Trienio Liberal fueron seguidos al pie de la letra por la mayor parte del clero español, especialmente en lo relativo a las medidas eclesiásticas[9].

Por el contrario, los liberales, o más exactamente el sector más avanzado (los exaltados), ensalzaron la heroicidad de los militares de Las Cabezas, entre los que desde el primer momento destacaron a Riego, hasta mitificarlo. Quizá el primer paso en esta dirección fue el *Himno* compuesto en su honor inmediatamente verificado el pronunciamiento, cuando aún se desconocía si se saldaría en triunfo, o como había sucedido con tantos otros desde 1814, en fracaso. Resuelta esta duda en favor de la primera opción, se consolidó el mito de Riego como salvador de la libertad de la nación española, del patriotismo, de la revolución, todo ello gracias al restablecimiento de la Constitución. En 1820 se publicaron multitud de composiciones poéticas de exaltación de Riego, que consolidaron el mito[10]. "Viva Riego... significa Constitución del año 12 o muerte, y valor y unión," exclamó el liberal Romero Alpuente en noviembre de 1822, resumiendo el sentimiento dominante en las filas liberales[11].

---

[8] Despacho de Giustiniani del 15 de febrero de 1820, cit. por Maximiliano BARRIO GOZALO, *La Santa Sede y los obispos españoles en el Trienio Liberal (1820-1823)*, Roma, Iglesia Nacional Española, 2015, p. 18.

[9] Emilio LA PARRA, "Ruptura entre la jerarquía eclesiástica y el Estado constitucional", *Historia Constitucional*, nº 21, 2020.

[10] Muestras fehacientes de ello ofrecen Francisco CARANTOÑA, "Rafael del Riego, un héroe injustamente olvidado", en Junta General del Principado de Asturias, *Rafael del Riego y el Trienio Liberal*, Oviedo, 2023, edición de Josefina Velasco Rozado, y Gérard Dufour De ¡*Viva Riegoooo! A ¡Muera Riego! Antología poética (1820-1823)*, Zaragoza, Prensas de la Universidad de Zaragoza, 2019, pp. 9-77.

[11] José ROMERO ALPUENTE, *Historia de la revolución española y otros escritos*, Madrid, Centro de Estudios Constitucionales, 1989, T. II, p. 32.

La imagen del "salvador" ocupa un lugar destacado en la mitología política de la época contemporánea. Entre los diferentes modelos, Riego puede ser catalogado en el que toma como arquetipo a Alejandro Magno, encarnado en los años a los que nos referimos por Napoleón, el capitán que por su juventud no cuenta con el aval del pasado y se apresura a alcanzar la gloria con su espada; el que enseguida subyuga a las masas y funda la legitimidad de su poder en la acción inmediata, en el movimiento que incita a abrir horizontes. En suma, este prototipo de salvador sería alguien que establece un tiempo nuevo, y sobre todo seduce a la juventud[12].

La mitificación de Napoleón se extendió con fuerza tras su muerte en mayo de 1821. Relegando otros aspectos de su trayectoria, el emperador fue presentado como el libertador de los pueblos y el unificador de Europa sobre la base de los principios políticos y los valores vitales inaugurados por la Revolución Francesa. En la España del Trienio se hizo de Riego una especie de nuevo Napoleón, y esta imagen perduró en el tiempo. "Él solo –escribieron décadas después los autores de *Los mártires de la libertad* en referencia a Riego– determinaba toda una nueva era"[13]. La era de la libertad individual, la de la participación del pueblo en la política, la del fin del despotismo y de la servidumbre; en suma, la era constitucional. Así pues, en Riego cristalizó la expresión colectiva de la esperanza en un tiempo nuevo, el de la libertad, solo alcanzable gracias a la revolución. El pueblo expresó este anhelo mediante el muy repetido "Viva Riego", frente al "Viva el rey absoluto" de los realistas anclados en el pasado. Bastaban ambas voces para delimitar los campos.

El "Viva Riego" fue casi obligado en cualquier acto a favor de la Constitución. La imagen y el nombre del asturiano fueron reproducidas en multitud de objetos de uso cotidiano (abanicos, vajilla, navajas de afeitar, naipes, peines...). Su heroísmo se ensalzó en obras de teatro y en multitud de canciones y composiciones poéticas de distinta factura. Cuando llegaba a una población se le festejaba con el más encendido entusiasmo. En los edificios públicos se exponía su retrato junto al del rey, y a veces el del héroe de la revolución era sacado en procesión cívica por las calles, con vítores y cánticos patrióticos en favor de la Constitución. En su *Historia General de España*, Modesto Lafuente afirma con ironía –y no por ello el dato deja de ser reseñable– que el día de su onomástica se sacaba su retrato en procesión como si de un santo se tratase.

Tal vez lo más representativo de la elevada altura en que la población situó a Riego –las más de las veces contra la voluntad de este–[14] fue su recibimiento por la población a su entrada en las ciudades, siempre celebrado como héroe. En ocasiones se le dispensaba un trato casi similar al del monarca. Es muy ilustrativa su recepción el 1 de abril de 1820 en Cádiz, la cuna

---

[12] Raoul GIRARDET, *Mythes et mythologies politiques*, Paris, Seuil, 1986, pp. 70-80.

[13] Victoriano AMELLER y Mariano CASTILLO, *Los mártires de la libertad española*, Madrid, Imprenta de Luis Gracía, 1853, T. I, pp. 234-293.

[14] Según Gil Novales, Riego intentó desasirse de su propio mito, pero al intentarlo lo acrecentó (Alberto GIL NOVALES, "¿Quién fue Riego?", en Francisco Domingo Ramón Ojeda, *Riego, héroe de Las Cabezas,* Las Cabezas de San Juan, 1988, pp. 233 y 230).

del constitucionalismo. Según informó el periódico *El Constitucional* el 12 del mismo mes, las autoridades municipales marcaron a Riego el mismo itinerario que solían realizar los reyes: al llegar a las afueras del casco urbano, un grupo de ciudadanos arrastraron su coche hasta el ayuntamiento una vez desenganchados los caballos, Riego arengó al pueblo desde el balcón, acto seguido recorrió las principales calles, llegó al teatro, y escuchó aclamaciones e himnos patrióticos. Edificios particulares y públicos estaban engalanados, y la ciudad iluminada.

Conviene resaltar en este punto una diferencia muy apreciable entre el rey y Riego. A su entrada en las ciudades, el primero solía dirigirse inmediatamente a un templo para escuchar un *Tedeum*; se encomendaba a la divinidad. Riego iba al ayuntamiento, institución formada por elección de los habitantes; se encomendaba a la ciudadanía. Este clamoroso contraste espacial y ceremonial revela el lugar político ocupado por uno y otro.

Evidentemente, el trato dispensado a Riego por los liberales produjo el peor efecto en el ánimo de Fernando VII, quien no tardó en considerarlo su principal antagonista, algo así como lo fue Godoy, y como a este, trató por todos los medios de destruirlo y borrar su memoria. La suerte de Riego fue más trágica: Godoy murió de viejo, aunque en el exilio; Riego, ahorcado en la plaza de la Cebada de Madrid. Lo fue por voluntad de Fernando VII, pues el comandante en jefe del ejército francés que entonces ocupaba España, el duque de Angulema, no era partidario de llegar hasta ese extremo, aunque nada hizo por evitarlo.

La muerte de Riego añadió al mito del héroe revolucionario la nota de mártir, es decir, el que muere por la defensa de sus convicciones y por el cumplimiento de sus obligaciones. Si algo cabe resaltar en la biografía de Riego, aparte de su mitificación, son estas dos cualidades, como ha demostrado de forma muy sólida Víctor Sánchez Martín.

La fama de Riego, muy considerable durante los años del Trienio Liberal, se incrementó tras su muerte. Al decir de Gil Novales, su persona alcanzó una extraordinaria popularidad, "como no la ha tenido en España ninguna otra figura de nuestra Historia contemporánea"[15]. Su imagen de héroe de la revolución trascendió al exterior. En América se le comparó con Bolívar y con Washington, en Francia con Napoleón, en Italia se le tomó como el paradigma de la lucha por la libertad, lo mismo ocurrió en los medios liberales alemanes y austriacos hartos de la política de Metternich, y los radicales británicos no quedaron a la zaga en las alabanzas. El rastro de Riego en las publicaciones europeas de los años veinte, especialmente en la prensa, y más tarde en la producción historiográfica, es impresionante.

Por supuesto, Riego no se libró de la crítica. Se dijo que continuamente buscó de forma irreflexiva el aplauso, y que él mismo fue el principal creador de su mito, aspecto este último ampliamente resaltado por Antonio Alcalá Galiano, quien colaboró con el militar asturiano en el pronunciamiento de

---

[15] Alberto GIL NOVALES, *El Trienio Liberal,* Madrid, siglo XXI, p. 3.

Las Cabezas. Se le tachó de demagogo. De aspirante a dictador. Los realistas lanzaron gritos contra "el emperador Riego." Se le acusó de instigar una conspiración republicana, y se le comparó a Cromwell, con lo cual se daba a entender que era capaz de seguir los pasos del británico, quien ocupó el poder tras ordenar la decapitación de su rey.

Historiadores actuales que han profundizado en la trayectoria personal y pública de Riego han demostrado sus convicciones sinceramente monárquicas, su gran respeto por la Constitución de 1812 y por las instituciones, incluida la monarquía, su desprendimiento y generosidad en materia económica, su gran sentido de la disciplina. Si en algo se manifestó realmente fanático, ha escrito Gil Novales, fue en proclamar su patriotismo, que para él significaba trabajar para "asegurar la libertad de su patria", como dijo en un discurso en la Sociedad Landaburiana el propio Riego[16].

Fernando VII, por el contrario, no ha recibido un trato benevolente por la historiografía actual, salvo esporádicos elogios teñidos de presentismo, destinados a justificar ciertas posiciones políticas actuales.

---

[16] Alberto GIL NOVALES, *Rafael del Riego. La revolución de 1820 día a día. Cartas, escritos, discursos*, Madrid, Tecnos, 1976, p. 186.

RIEGO Y EL CONSTITUCIONALISMO REVOLUCIONARIO

Dra. Clara Álvarez Alonso
Catedrática de Historia del Derecho e
Investigadora de la Cátedra Martínez Marina

Explicación de la intitulación

El título de este trabajo aúna, y no por casualidad, tres palabras cada una de las cuales posee un significado propio y poderoso pero que, conjuntamente, sintetizan excelentemente lo que representa el Trienio Constitucional. Una etapa definitivamente importante de nuestra historia reciente a pesar de que se trata de un periodo que ha pasado desapercibido, como carente de interés, para la historiografía durante un largo periodo de tiempo y sobre el que la política y la *intelligentsia* coetánea y posterior trabajaron arduamente para desprestigiarla y relegarla al olvido más absoluto, presentándola reiteradamente como un ejemplo de sistema distópico. Hoy, sin embargo, merced sobre todo la labor realizada por una vigorosa historiografía en las últimas décadas, impulsada inicialmente por el malogrado Gil Novales, entre cuyos representantes se encuentran los acreditados participantes de este ciclo[1], y a iniciativas como ésta respaldadas por entidades oficiales[2], se está reconociendo el verdadero valor de aquella breve e intensa etapa en la que, por cierto, los asturianos brillaron con luz propia como lo habían hecho también en las constituyentes del 1812.

[1] De la ingente y absolutamente necesaria producción sobre el tema del pionero Alberto Gil Novales es una espléndida síntesis su El Trienio Liberal. Ahora en la edición de Ramón Arnabat, Zaragoza, Prensas de la Universidad de Zaragoza 2020. Por lo demás, resultaría excesivo para este lugar reunir la abrumadora bibliografía sobre el periodo por lo que, a modo de ejemplo exclusivamente, se sugieren las siguientes obras colectivas que recogen las aportaciones de los expertos en el tema: Sobre el Trienio en España, Pedro Rújula e Ivana Frasquet (coords.), El Trienio Liberal (1820-1823). Una mirada Política. Granada, Comares 2020; Ivana Frasquet, Pedro Rújula y Álvaro París (eds.), El Trienio Liberal (1820-1823). Balance y perspectivas. Zaragoza, Prensas de la Universidad de Zaragoza e Institución «Fernando el Católico», 2022; Manuel Chust, Ignacio Fernandez Sarasola (eds), El Trienio liberal (1820-1823) Los umbrales del constitucionalismo en la monarquía española: entre la teoría y la práctica. Madrid, CEPC, 2023. Desde una perspectiva comparada europea: Remedios Morán Martín (dir.), Trienio Liberal, vintismo, rivoluzione: 1820-23. España, Portugal e Italia. Pamplona, Thomson Reuters y Aranzadi, 2021. Desde la perspectiva iberoamericana: Manuel Chust, Juan Marchena Fernández y Mariano Schlez (eds.), La ilusión de la Libertad. El liberalismo revolucionario en la década de 1820 en España y América, Ariadna, Santiago de Chile, 2021; Manuel Chust, Ignacio Fernandez Sarasola (Eds), Trienio. Un debate abierto, dos hemisferios conectados (1820-24). Madrid, Domingo Ramírez Hernanz, 2023, Ivana Frasquet, Josep Escrig y Encarna García Monerris (eds.), El Trienio liberal y el espacio atlántico. Diálogos entre dos mundos. Madrid, Marcial Pons, 2022.

[2] A mencionar aquí el Congreso internacional auspiciado por el Ministerio de la Presidencia, Relaciones de las Cortes y Memoria Histórica, celebrado en el Senado del 1 al 3 de junio de 1822, "El Trienio doscientos años después".

Es, por consiguiente, necesario detenerse siquiera brevemente en cada una de las palabras del título. Desde luego, Riego, Rafael José María Manuel Antonio Riego y Flórez o Rafael del Riego y Flores Valdés, como literalmente figura en el poder que presentó ante la Comisión de Poderes de las Cortes tras haber sido elegido diputado por Asturias el 3 de diciembre de 1821[3], cuya notable y singular importancia viene dada por mucho más que por el hecho de ser la figura con la que se identifica la proclamación constitucional del 1º de enero de 1820. Y, naturalmente, también el constitucionalismo revolucionario, locución que puede ser tomada como un sintagma nominal sobre el que es obligatorio hacer algunas precisiones. Fundamentalmente porque es una expresión recurrente desde el origen del *master system* actual cuando se producen cambios sustanciales de naturaleza política y jurídico-constitucional, como pone de relieve la reiterada invocación por el neoconstitucionalismo iberoamericano, pero también entre nosotros y en otras áreas académicas y legislativas[4].

Aquí se usa con un significado muy concreto con el fin de resaltar su identidad dentro del concepto más general de liberalismo clásico, entendido éste como el sistema político-filosófico surgido con la revolución de los Estados Unidos de América en 1776, con su doble proyección teórica –vinculada a la obra de los grandes pensadores ilustrados europeos y estadounidenses sobre todo– y práctica, manifestada ésta a través de la praxis del constitucionalismo moderno inicial desde finales de la Ilustración. El constitucionalismo revolucionario, tal y como lo utilizo aquí, está relacionado con el que tiene lugar durante un breve periodo en el inicio de las revoluciones del siglo XVIII cuando se llevó a cabo, aunque fuera temporalmente, una ruptura radical con lo preexistente en el terreno jurídico y político especialmente porque, como ya exponía Jellinek, "cada revolución triunfante crea un derecho nuevo"[5]. Un derecho que no solo significa la abrogación del anterior, sino que presenta –y se fundamenta sobre– ciertos rasgos que, en la época, pudieron considerarse utópicos.

En este preciso sentido se distancia claramente del pragmatismo que para sus defensores coetáneos reviste la praxis constitucional estadounidense, fundamentalmente tras la promulgación de la Constitución federal, de la seguida en los territorios hispanoamericanos tras la independencia y, obviamente, de la

---

[3]   ACD Serie documentación Electoral: 8 nº 3. Fue votado por los 15 electores que correspondían a Asturias. Presentó los poderes ante la Comisión de las Cortes el 20 de febrero de 1822 y juró el cargo el 25. La fecha de salida es la de 27 de septiembre de 1823.

[4]   "El nuevo constitucionalismo reivindica un concepto legitimador de poder constituyente, útil para la consolidación del Estado constitucional y para comprender los fenómenos actuales de cambio constitucional" dice Rubén Martínez Dalmau, "El ejercicio del poder constituyente en el nuevo constitucionalismo", en Revista general de Derecho Público y comparado, nº 11, 2012. Vid también Rubén Martínez Dalmau, "El ejercicio del poder constituyente en el nuevo constitucionalismo", en Revista general de Derecho Público y comparado, nº 11, 2012, Daniel Zango Bulcarelli, "El constitucionalismo revolucionario. Análisis de las primeras constituciones soviéticas desde la teoría marxista del Estado y del Derecho". en Revista de filosofía de la Universidad de Costa Rica, vol. 57, nº 148, 2018 (Ejemplar dedicado a: 100 años de la Revolución rusa), págs. 129-139; Javier Ruipérez Alamillo, Reforma versus Revolución Consideraciones desde la Teoría del Estado y de la Constitución sobre los límites materiales a la revisión constitucional. México, Porrúa, 2014.

[5]   Jellinek, Georg, Reforma y mutación de la Constitución. Madrid, CEC, 1991, p. 9.

evolución que sufrió Europa con la etapa napoleónica y post-napoleónica. En todo caso, es el que, a mi parecer, mejor expresa "el derecho de la revolución", esa producción jurídica a través de la cual se realizaron reformas esenciales y se introdujeron innovaciones que fueron eliminadas poco tiempo después[6].

Entre nosotros, la etapa por excelencia en la que se manifiesta ese aspecto revolucionario es precisamente el Trienio, en la medida que durante él se llevó a cabo, o mejor, se intentó llevar a cabo por una parte de los diputados una interpretación de la Constitución que, sin alterar el espíritu de la misma, iba más allá de la realizada por los constituyentes de 1810. Una interpretación que se plasma magistralmente en la legislación avanzada y en las medidas de gobierno realmente rupturistas que, al amparo de dicha Constitución, se defendieron, dentro y fuera de las Cortes, por aquellos exaltados entre los que se encontraba Rafael del Riego.

Porque de esto efectivamente se trata: de una cuestión hermenéutica de un texto sobresaliente y que en su día fue considerado revolucionario tanto en el interior como en el extranjero. Y es que, tal y como acertadamente expone el profesor Chust, "el Trienio liberal, en su dimensión española, europea y americana no se puede explicar sin la Constitución de 1812. Bastión, emblema del periodo y de la época, a ella se acogieron desde los líderes revolucionarios hasta las clases populares, especialmente urbanas, como emblema antiabsolutista"[7].

Aunque es innegable que en ese momento para algunos liberales se trataba de un texto obsoleto o manifiestamente mejorable, incluso un peligro, y que años después de la caída del Trienio algunos de sus más ardorosos defensores de entonces, como Evaristo García San Miguel sin ir más lejos, la consideraron un mito, lo cierto es que por su divulgación y proyección en disposiciones positivas luchó denodadamente la parte más leal y combativa de aquellos diputados exaltados de la que Riego formaba parte, los cuales, en ocasiones, pero solo en ocasiones, consiguieron resultados concretos en medio de las más adversas circunstancias. En otras palabras: ahí, a pesar de la división de los liberales y del pleno conocimiento de los resultados obtenidos en Francia y en Estados Unidos de Norteamérica en los primeros tiempos de la revoluciones respectivas, los exaltados, salvo excepciones entre las que se encuentra ya en aquel momento alguien tan principal como Antonio Alcalá Galiano por ejemplo[8], no solo en-

---

[6] "El derecho de la revolución no es más que el reconocimiento a posteriori del ejercicio del derecho a la revolución (abrogación del orden jurídico-social existente y sustituirlo por otro nuevo". Pérez Johnston, R., "Notas sobre el Constituyente Revolucionario, el "Derecho a la Revolución" y el "Derecho de la Revolución". Iuris Tantum, 17(13), 2002, pp 187–220. Recuperado a partir de https://revistas.anahuac.mx/index.php/iuristantum/article/view/2126, p. 204.

[7] Chust, M. "Estudio Preliminar. Y en eso, llegó Riego y mandó no embarcar", en La ilusión de la Libertad El liberalismo revolucionario en la década de 1820 en España y América. Manuel Chust, Juan Marchena, Fernández Mariano Schlez (Editores) Biblioteca de Historia de América Vol. 2. Santiago de Chile, Ariadna Ediciones, 2021, p. 22.

[8] Este diputado ya opinaba en 1820, como expresó en la Gaceta patriótica del Ejército Nacional que "probablemente la Constitución podía ser mejorada en ciertos aspectos". Sobre él vid la biografía de Sánchez García, Raquel Alcalá Galiano y el liberalismo español. Madrid, Centro de Estudios Políticos y Constitucionales, 2005.

tendieron y aceptaron teóricamente las consecuencias de la asunción del principio nacional-popular, con el significado preciso que ambos términos requieren, sino que lo realizaron. Esto es, lo hicieron efectivo en instituciones típicas y tan significativas como los derechos y sus garantías, la articulación de poderes con una especial relevancia –más teórica que efectiva– del legislativo en cuanto depositario de la soberanía nacional y una cierta, por así decir, vocación social que se plasma en los fines de conseguir la felicidad nacional para *todo* el "pueblo".

Por estas razones y para entender el significado del Trienio, y en particular la participación de Riego, es conveniente prestar atención a estos tres aspectos: en primer lugar, las características de ese constitucionalismo revolucionario, en segundo, su implementación y desarrollo y, finalmente, las causas de su caída que son las mismas que llevaron a la muerte al general asturiano.

I. Características esenciales del constitucionalismo revolucionario de los inicios del *Master System*

Evidentemente no se trata ahora de detenerse en el análisis pormenorizado de ese texto constitucional que ha sido abundantemente estudiado con precisión y brillantez por expertos de distintos campos como Varela Suanzes o Fernández Sarasola, por citar solo dos reconocidas autoridades, académicos de esta universidad[9]. Pero sí es absolutamente necesario destacar, *prima facie*, del mismo además de esos rasgos realmente rupturistas como, entre otros, el unicameralismo, las garantías procesales y la soberanía nacional, todos ellos causantes de su enorme proyección internacional, un valor esencial que ha sido subrayado por Carlos Ruíz Miguel y que es particularmente significativo para lo que quiero resaltar. Se trata de que, a diferencia de otros Estados, donde el inicio del constitucionalismo se fundamentó en el principio dinástico, en España este

---

[9] De Varela, y solo a modo de ejemplo de tratamiento muy específico del periodo, Varela Suanzes-Carpegna, J. V. (2007). O constitucionalismo Espanhol e Português durante a primeira metade do século XIX (um estudo comparativo). Estudos Ibero-Americanos, 33(1), 2007, https://doi.org/10.15448/1980-864X.2007.1.2239 ;El constitucionalismo español en su contexto en Documentos de Trabajo (IELAT, Instituto universitario de investigación en Estudios Latinoamericanos), nº 13, 2010, pp 1-26; Historia constitucional de España. Normas, instituciones, doctrinas. Madrid, Marcial Pons, 2020, además de los estudios recogidos en Política y Constitución en España (1808- 1978), Madrid, CEPC, 2014. Por su parte, Fernández Sarasola, I, además de los ya citados en la primera nota de este trabajo, y como más recientes "Reformar la Constitución o sustituirla. Los problemas a la enmienda constitucional", en I. Fernández Sarasola y Manuel Chust, El Trienio liberal, cit., pp 481ss; el libro con Ivana Frasquet, 1823. Fin del Trienio Liberal y primera experiencia constitucional bihemisférica. Madrid, Fundación Coloquio Jurídico europeo, 2023 y - "Las interpretaciones de la forma de gobierno en la Constitución de Cádiz durante el Trienio Liberal", Berceo. Revista Riojana de Ciencas Sociales y Humanidades, núm. 179 Monográfico: Revolución, Constitución y Reacción. Bicentenario del Trienio Liberal (1820-1823), 2020, pp. 29-42 Además de su producción monográfica, se destaca por recuperar textos fundamentales del constitucionalismo en Utopías Constitucionales. La España posible en los proyectos constitucionales (1786-1931), Madrid, CEPC, Madrid, 2022; (ed.) Constituciones en la sombra. Proyectos constitucionales españoles (1809-1823), Coautores: Antonio-Filiu Franco Pérez, Juan Miguel Teijeiro de la Rosa, Jordi Roca Vernet, Cayetano Mas Galvañ, Clara Álvarez Alonso. Oviedo-Madrid, In Itinere-CEPC, 2014; Proyectos constitucionales en España (1786-1824). Madrid, CEPC, 2004.

comienzo se vincula al principio nacional (algunos, si bien obviamente con exageración, hablan incluso de democrático).

En todo caso, las características cardinales de este constitucionalismo revolucionario estaban perfectamente explícitas en la propia Constitución y, básicamente, son las que se acaban de compendiar. De hecho, en ese contexto coetáneo de crisis en todos los planos, territorial, ideológico, político y social, el modelo de 1812, al menos para una parte sobresaliente de los españoles peninsulares, fue, como bien dice Ángeles Lario[10], el revolucionario, con separación estricta de poderes, al modo puramente constitucional que había establecido Locke y que había introducido Montesquieu en el Continente, la garantía de derechos rivalizando la propiedad y seguridad con los procesales y la libertad de prensa, y un protagonismo indiscutible en la gobernación de la ciudadanía desde el primer, por así decir, escalón institucional que representaban ayuntamientos y diputaciones. Y también por trasladar las antiguas regalías a la Nación tanto en lo que respecta a la capacidad de decisión como a la titularidad –como ocurrió, por ejemplo, con el ejército– y, en general, el *decission making process*.

Como corresponde a las normas de esta clase, tales rasgos aparecen sola y simplemente enunciados en ella, de ahí que lo que se esperaba en el Trienio era llevar a cabo una labor hermenéutica para proceder a su implementación y conseguir los fines para los que había sido redactada, expresados en la ilustrativa frase de "felicidad general". Lo que ocurrió es que esta labor presentó un problema insoluble procedente de la escisión del liberalismo en las dos ramas enunciadas, esto es, los exaltados y los conservadores –e incluyo bajo el sintagma tanto a los doctrinarios como a los moderados– con dos ideas muy diferentes de Constitución. Porque mientras estos últimos rechazaban la columna vertebral de la Constitución de 1812 abogando por el bicameralismo con marcada superioridad de una cámara alta acentuadamente elitista donde tenían cabida los estamentos del Antiguo Régimen, restringían la libertad de imprenta y reducían considerablemente los derechos, además de otorgar el veto absoluto al rey, los exaltados, que reciben su nombre precisamente del entusiasmo por el texto gaditano, lucharon por la implementación amplia a través de una interpretación que era contraria a la que se estaba llevando a cabo en el contexto internacional, egregiamente representado en Europa por la Restauración francesa y el absolutismo y, en Estados Unidos, por las restricciones que, en términos generales, se venían llevando a cabo en las respectivas Constituciones estatales redactadas con posterioridad a la Federal. Incluso los coetáneos movimientos independentistas de la América Hispana se vieron inmersos en este dilema[11].

---

[10] Lario, A. (2005). Del liberalismo revolucionario al liberalismo post-revolucionario: el triunfo final del camino inglés. Espacio Tiempo y Forma. Serie V, Historia Contemporánea, (17). https://doi.org/10.5944/etfv.17.2005.312.

[11] Daniel Gutiérrez, Un nuevo reino. Geografía política, pactismo y diplomacia durante el interregno en Nueva Granada (1808-1816), Bogotá, Universidad Externado, 2010, pp.147ss; Isidro Vanegas, "De la actualización del poder monárquico al preludio de su disolución: Nueva Granada, 1808-1809", en Roberto Breña, coord., En el umbral de las revoluciones Constitucionales (CEPC), 2010, págs. 367-376; del

De hecho, los exaltados defendieron siempre una amplia libertad de prensa, la autonomía de ayuntamientos y diputaciones en los que se representaba mejor y más directamente los intereses de los pueblos, un sufragio vasto y desde luego, el parlamentarismo como medio de evitar el abuso gubernativo y las injerencias ministeriales[12]. Pero, por encima de todo, preservaron la igualdad ante la ley.

En eso, ciertamente, residía el ideario exaltado, es decir, en dar cumplimiento a una Constitución que era reivindicada como modelo por los revolucionarios sudeuropeos, italianos y portugueses, sobre todo, y los teóricos avanzados occidentales. Y en la que los derechos de propiedad y seguridad personal expresamente mencionados en el texto constitucional no respondían rigurosa y exclusivamente, como en el caso de los moderados, a los principios del individualismo posesivo, sino que, en cierto modo, quedaban supeditados al interés de la Nación.

En realidad, hasta se puede observar una cierta visión comunitaria y un interés por los más vulnerables tal y como, entre otros, demuestran las medidas de urgencia aprobadas para los lactantes huérfanos, el hecho de la adscripción de bienes desamortizados a la atención de sectores desprotegidos de la población aprobados en 1822 en unas Cortes de mayoría exaltada o a *contrario sensu*, en la crítica que en 1823 realiza el propio Riego en la que explícitamente denuncia que "el pueblo" no se beneficia de las reformas llevadas a cabo en las Cortes por la interesada política de los respectivos Gobiernos que ignoran las disposiciones aprobadas por aquéllas[13].

II. Implementación y desarrollo

Cómo se observa, eran planteamientos esencialmente diferentes que afectaban tanto a la idea de Constitución como a la Constitución misma. Por esta razón, en aquel periodo, el enfrentamiento, incluso violento, estaba servido tanto dentro como fuera de las Cortes. Y es que mientras los exaltados, por así decir, más "puros" defendían la aplicación de la Constitución "intacta", sus oponentes, no la reconocían, discutían su aplicabilidad o, más directamente,

---

mismo, Plenitud y disolución del poder monárquico en la Nueva Granada, tomo 1,Bucaramanga, Universidad Industrial de Santander (UIS), 2010, págs. 13-27: de mismo, "La Constitución de Cundinamarca: primera del mundo hispánico", en El constitucionalismo fundamental, Bogotá, Ediciones Plural, 2012, págs. 95-130 y sobre todo, Isidro Vanegas. "El Constitucionalismo revolucionario en la nueva Granada", en Procesos, Revista ecuatoriana de Historia, primer semestre 2013, pp. 35ss.

[12] Roberto Luis Blanco Valdés, Rey, cortes y fuerza armada en los orígenes de la España liberal (1808-1823). Universidad de Santiago de Compostela, 1987 e Ignacio Fernández Sarasola, También, Los primeros parlamentos modernos de España (1780-1823). Madrid CEPC, 2010; Los partidos políticos en el pensamiento español (De la Ilustración a nuestros días). Madrid, Marcial Pons, 2009; Poder y libertad: Los orígenes de la responsabilidad del Ejecutivo en España (1808-1823). Madrid, CEPC, 2001; "Las críticas de la doctrina europea a las Cortes de la Constitución gaditana", Revista de las Cortes Generales, núm. 115, 2023, pp. 87-114.

[13] Esta es una de las principales críticas que el propio Rafael del Riego efectúa en la Exposición dirigida a las Cortes con motivo de la petición de su incorporación al ejército. BN, Mss 20270/175.

amparaban su inaplicación como hizo Martínez de la Rosa, el jefe de la sección más radical de los conservadores, la así llamada *Sociedad Constitucional* más conocida como la *del Anillo*, en 1822 cuando presidió uno de los Gobiernos más conflictivos del periodo.

Sin ningún pudor, este longevo político decimonónico había invocado con éxito en las legislaturas ordinaria y extraordinaria de 1820 y 1821, no solo la suspensión de las leyes, sino la inaplicación de la mismísima Constitución en momentos singularmente relevantes. En primer lugar, para defender el indulto a los diputados que habían redactado en 1814 el conocido como *Manifiesto de los persas*, y en segundo, el no cumplimiento de la normativa sobre el Consejo de Estado en lo relativo a su composición para conseguir una mayoría moderada en el mismo con el auxilio y participación de los realistas. Aun así, lo que sobre todo merece destacarse en este sentido, por la mayor gravedad que aún reviste, es el hecho probado de la conspiración, directa y oculta, de esta sociedad –de la que tanto él como el Conde de Toreno, entre otros conspicuos representantes de la vida política, social y económica del país en aquel momento, eran prominentes miembros– contra la propia Constitución, redactando un proyecto secreto de sustitución que acabaría por imponerse una década más tarde con el nombre de Estatuto Real.

En la práctica, la verdadera epifanía del constitucionalismo revolucionario tiene una fecha bien precisa: el 1 de marzo de 1822, esto es, cuando se lleva a cabo la conformación de unas Cortes de mayoría exaltada, tras las elecciones de diciembre de 1821, en las que Riego salió elegido diputado por Asturias con Canga Arguelles, Agustín de Arguelles y los hermanos Valdés, y de las cuales fue su primer presidente, cuando las presidencias solo duraban un mes.

Desde el mismo momento de su instauración, los exaltados más concienciados se propusieron aplicar un programa que era abiertamente conocido y para el que se habían estado preparando durante años. Las reformas afectaban al campo hacendístico, fiscal, local, de instrucción pública y justicia. También, y en primer lugar, se dirigían a abolir y paliar los efectos de unas medidas adoptadas por los sucesivos gobiernos, todos, salvo el primero, de marcado carácter más doctrinario que moderado, en orden a nombramientos y pago de la desorbitada deuda pública.

La política de nombramientos, en efecto, necesitaba una urgente revisión. De hecho, se habían incrementado enormemente los cargos y empleados públicos a los que, además, y en contra de lo exigido por el ordenamiento jurídico, se les exoneraba del juramento de lealtad a la Constitución. Con ello, las administraciones central y territorial, tal y como reiteradamente se denuncia desde el principio ante la Junta Consultiva Provisional por las provincias[14]

---

[14] 11 enero 1822. La Diputación Provincial de Navarra en 11 de enero último expone que el estado de los pueblos es muy miserable y que faltando datos de su riqueza y habiendo arreglado las contribuciones a los presupuestos en los que se han presentado muchos empleados inútiles en varios ramos y se han aumentado sueldos, resulta que aquellos son muy gravosos y que disgustan a los pueblos. Estos desean que se disminuyan los sueldos el número de empleados que se restablezca el meximum o al menos que este

y posteriormente incluso en las propias Cortes, estaban completamente infiltradas de absolutistas y, en el mejor de los casos, moderados y anilleros, que no solo eran abiertamente contrarios a la misma, sino que trabajaban por su derogación.

Una situación semejante se presentaba en el propio Ejército. Los testimonios en relación a este último son muy abundantes desde el principio mereciendo la pena destacar, por su relevancia social, el caso del mariscal de campo Juan Martín "el Empecinado", a quien, por negarse a acatar en mayo de 1820 como Capitán General de Castilla la Vieja a un reconocido realista, el Jefe Político de Valladolid incoó una causa asentada sobre falsas imputaciones.[15]

Por su parte, en relación a la deuda, la situación aún era extremadamente más grave y requería una solución acuciante. Los exaltados se empeñaron denodadamente en encontrar la forma de solventar empréstitos desastrosos, firmados en tales condiciones que una política fiscal abusiva[16] ni siquiera procuraba una recaudación suficiente para pagar los intereses. Era esta una situación exasperada que, a pesar de todos los intentos, resultó insoluble en la práctica, lo que obligó a rebajar o retrasar algunas de las reformas que consideraban absolutamente necesarias. Cómo las relativas a su programa de instrucción pública, una enseñanza que corría a cargo del Estado y cuyo primer nivel estaba abierto a las niñas en unas condiciones materiales y programáticas igualitarias a las de los alumnos varones.

Los diputados exaltados, que practicaron un incipiente parlamentarismo y que efectuaron una labor hermenéutica exquisitamente avanzada, lucharon también por recuperar las libertades de prensa y de expresión que habían sido considerablemente recortadas en las anteriores Cortes. El episodio más conocido, aunque no el único, a este respecto fue la, infructuosa en la medida que no salió adelante, salvaguardia de las Sociedades Patrióticas que defendieron hasta la extenuación en las Cortes, respaldados infructuosamente por el abru-

---

no exceda de 6000 reales (cursiva mía). La Diputación cree que de todas las contribuciones, la del registro es la perjudicial porque ataca directamente los capitales sin los que no puede haber riqueza y añade que también lo es para la provincia de Navarra el estanco de la sal por las muchas salinas que hay en la provincia y ser en ella un ramo de su industria. ACD, Papeles secretos y reservados de Fernando VII, T. 53, H·-53 -0559r. Pero las protestas en este sentido y ampliadas con especial interés a la magistratura, tuvieron lugar durante todo el periodo.

[15] 3 de mayo 1820. El mariscal Empecinado se niega a reconocer como capitán general de Castilla la Vieja al general Santocildes; 17 de mayo de 1820, El Empecinado pide a la Junta que exija al jefe político de Valladolid demuestre dónde y cuándo alistó hombres y caballos y que averiguados por los medios legales los autores de tal calumnia, sean castigados con arreglo a las leyes, protesta que admite la Junta Consultiva Provisional. ACD, Papeles Secretos y reservados de Fernando VII, t. 35, 107- 218 y 124-26.

[16] Vid nota 144 in fine. (Protestas en el mismo sentido el 8 de agosto del Jefe Político de Asturias por exceso del cupo de contribución territorial en la mitad más 500000reales que el año anterior siendo como era este un año estéril. Añade que si esto se mantiene es perjudicial para la consolidación del sistema porque en vez de recaer sobre los propietarios recae sobre los colonos que son los que forman la mayor parte de aquella población. El director de rentas directas informa que si el cupo de la contribución de Asturias no es proporcionado las razones del perjuicio que el Jefe político no son fundadas porque la contribución recaerá sobre todos los capitales ya de tierra como de caudal o trabajo según la relación que tengan entre sí sus valores. ACD, Papeles secretos y reservados de Fernando VII, H3-53- 0570r.

mador número de peticiones que llegaron a la Junta Consultiva Provisional desde casi la práctica instauración de ésta y a las Cortes desde su establecimiento[17].

En sentido similar, se esforzaron arduamente, a pesar de los obstáculos que, en la propia comisión, se presentaban por los miembros moderados, en conseguir unas "ordenanzas del ejército", esto es, una ley que lo excluyera de la égida del rey y lo convirtiera en verdaderamente nacional –tarea en la que Riego desarrolló una labor capital en cuanto presidente de la Comisión de Guerra– y, desde luego, se opusieron a todas las políticas restrictivas y a la limitación de derechos. Asimismo, trataron de hacer efectiva las responsabilidades civil y política de los cargos prevaricadores y corruptos, lo que les valió la especial y encarnizada enemiga de sus oponentes.

---

[17] Solo desde el 4 de agosto de 1820 al 16 de septiembre en que el "Dictamen de la Comisión nombrada por las Cortes para presentar un proyecto de ley que asegure a los ciudadanos la libertad de ilustrarse con discusiones políticas evitando los abusos leído por primera vez las Cortes el 16 de septiembre de 1820". Existe un enorme número de escritos dirigidos la Junta Provisional y a las Cortes de todas las sociedades patrióticas solicitando su permanencia y continúan con posterioridad. Sin embargo, la mayoría moderada en las Cortes, así como el Gobierno consiguieron imponer un criterio restrictivo recurriendo incluso a métodos muy cuestionables hasta el extremo de no dejar pronunciar su discurso en favor de las mismas al propio Martínez Marina que lo publicó por su cuenta. Las siguientes actuaciones son ilustrativas al respecto: El 16 de septiembre de 1820 se presentó el Dictamen y el proyecto de ley de la Comisión nombrada por las Cortes para presentar "un proyecto de ley que asegure a los ciudadanos la libertad de ilustrarse con discusiones políticas evitando los abusos" y ese mismo día no se admitió a discusión la enmienda en la que Díaz de Morales exponía: "Quedando por el artículo 3º a la absoluta arbitrariedad de las autoridades el suspender las reuniones de los ciudadanos, Pido que para evitar los efectos del capricho contra aquel ejercicio de la libertad civil y para darle toda la garantía con que las cortes deben asegurar los derechos de los españoles contra cualquier atentado en que la autoridad pudiera incurrir, declare el Congreso: Que ninguna autoridad podrá impedir las reuniones sin expresar el motivo en que se funde y quedar responsable de la legitimidad de otro motivo. El 21 de octubre de 1820 se aprueba la ley y se ordena que cesen las reuniones de individuos constituidos y reglamentados por ellos mismos bajo los nombres de <u>sociedades, confederaciones y juntas patrióticas</u> y se establecen las formalidades que han de preceder para reunirse en parajes públicos para tratar asuntos políticos. Decreto 8 noviembre impreso prohibiendo las sociedades patrióticas y considerando delito las reuniones políticas sin autorización. la minuta del decreto El 18 de diciembre de 1820 Se remiten 200 ejemplares de real orden para el uso que las Cortes estimen conveniente de la ley aprobada el 21 de octubre relativo a la ley de sociedades patrióticas. Lo firma en Palacio Agustín de Argüelles, Secretario del Despacho de Gobernación de la Península en palacio, en 16 marzo de 1821 se presenta el Proyecto de decreto sobre sociedades secretas. La Comisión, integrada por Gutiérrez, Flórez Estrada, Zorraquín, Muñoz y Golfín defendía "La analogía entre el derecho a hablar y escribir. Las mismas precauciones en uno y otro caso. Para esto sin ninguna previa censura que verdaderamente destruiría el derecho de escribir se establece una responsabilidad del autor e impresor… De la misma manera ha creído la comisión que con asegurar igualmente la responsabilidad por los excesos que con la palabra puedan cometerse en las discusiones de que se trata habrá llenado su objeto" En la Sesión 11 de abril de 1821 se aprobó una "adición" de Francisco Martínez de la Rosa que exponía "Debiendo los que se reúnan públicamente para discutir materias políticas ser ciudadanos en el execicio de su derechos , siempre que la autoridad civil pida una lista de todos los socios deberá darla el presidente bajo su responsabilidad", y ese mismo día la de Zabala y García Sosa no se admitió a discusión acerca de la no exclusión de "los españoles originarios de África. ACD, Papeles secretos y reservados de Fernando VII, T. 35. Fol. 00 22r; (fol Fol 0065r); Fol 3r; fol. 4r; Fol 2r.; Fol. 0156.; Fol 195r; Fol. 197 y ACD, H3-53-0001r, fol 1. De todos modos, el rey devuelve sin sancionar el 12 de mayo el proyecto de ley sobre sociedades patrióticas y expone las razones tuvo para no ratificar. Ibi. Fol 0155. Vid Fernández Torres, L., "Las sociedades patrióticas y el reconocimiento implícito de las libertades de expresión y asociación" en I. Fernández Sarasola y M. Chust, El Trienio liberal cit., pp263 ss.

Sin embargo, casi ninguna de estas iniciativas tuvo éxito. La razón estriba en que, como bien apuntaba el profesor Carantoña[18], tener la mayoría no significaba tener la hegemonía en aquellas Cortes y en aquel sistema en el que el rey tenía pleno derecho a designar los Gobiernos a su voluntad. De hecho, esta facultad, que no prerrogativa como queda muy claro en el propio texto constitucional, de "Nombrar y separar libremente los Secretarios de Estado y del Despacho", que figura en el último lugar de las 16 que expresamente admite el artículo 171 de la Constitución fue, como es unánimemente reconocido, uno de los principales impedimentos del Trienio al que, por cierto, no tuvieron que enfrentarse los diputados del anterior periodo constitucional, y no solo durante la guerra sino tras la victoria, precisamente porque Fernando VII estaba ausente.

Fue éste, como acertadamente señala Chust, uno, sino el principal, condicionante de aquel momento revolucionario[19] porque ahora su presencia, siempre adversa y extremadamente intervencionista, venía a añadir fuego al que, en mi opinión, es el problema o cuestión constitucional por excelencia en ese momento. Se trata del choque entre el ejecutivo y el legislativo –los dos poderes en que el constituyente gaditano hacía recaer el gobierno de la Nación– promovido por los moderados y, muy particularmente, por los anilleros. Para los primeros, partidarios del sufragio censitario, entre otras cosas, era inadmisible un legislativo conformado por una base electoral tan amplia y sobre todo el sistema unicameral al tiempo que exigían una mayor participación del Rey. Para los segundos, además de respaldar esta posición, el gobierno era "materia ministerial", por consiguiente, era absoluta y exclusiva competencia del Ejecutivo, razón por la cual mostraron una absoluta indiferencia cuando no desprecio abierto a las decisiones del legislativo, incluidas las leyes y decretos, que las más de las veces se negaron a aplicar.

En uno y otro caso se trataba de un ataque frontal a la Constitución que sus más fervientes partidarios, no en vano autodenominados a partir de ese preciso momento exaltados por, como ya se ha expuesto, la veneración que sentían hacia la Ley fundamental cuya aplicación íntegra era para la mayoría de ellos un asunto innegociable, no estaban dispuestos a tolerar. Y para evitar esta agresión organizaron una defensa de la misma en todos los frentes y no solo en las Cortes: periodístico, político llevado a cabo en tertulias y a través de manifestaciones o

[18] Carantoña Álvarez, F. "Las elecciones de 1821, primer ensayo de competición de "partidos" en el constitucionalismo liberal español", en Historia Constitucional, nº 21, 2020, pp 63 ss y "La monarquía moderada y el tránsito hacia el parlamentarismo", en I. Fernández Sarasola y Manuel Chust, El trienio liberal, cit, pp 47 ss El profesor Carantoña es uno de los mayores expertos en el parlamentarismo del trienio, vid, También "El difícil camino hacia la monarquía constitucional; 1820, del pronunciamiento a la revolución" en Marieta Cantos Casanove, Alberto Ramos Santa, eds, Conspiraciones y pronunciamientos : el rescate de la libertad (1814-1820). Universidad de Cádiz, 2019, pp 113ss, "La Izquierda Liberal en el reinado de Fernando VII" en Sergio González Collantes (coord..), Estudios sobre el republicanismo histórico en España: luchas políticas, constitucionalismo y alcance sociocultural. Oviedo, Real Instituto de Estudios Asturianos, 2017 pp. 51-84; del mismo, "La práctica política y la tendencia hacia la monarquía parlamentaria del Trienio liberal" en De Lorenzo, Renata y Gutiérrez Lloret, Rosa Ana (coord.), Las Monarquía de la Europa meridional ante el desafío de la modernidad (siglos XIX y XX). Universidad de Zaragoza, 2020, pp 99-132.
[19] Chust, loc. cit, p. 19.

"procesiones" callejeras a su favor. También mediante grandes campañas de divulgación en las que Riego fue protagonista de excepción y muy activo.

Plenamente consciente de la situación y dispuesto a sacar el mayor provecho posible de un enfrentamiento que utilizó a su favor con éxito innegable, el rey designó reiteradamente gobiernos moderados, con la única excepción del presidido por San Miguel a cuyo nombramiento se vio forzado en agosto de 1822 tras el fracaso de golpe de Estado de julio de ese año, en el que, por cierto, había participado entusiasta y directamente. El punto culminante de esta deliberada política regia de promover el enfrentamiento entre poderes para provocar el caos, lo representa sin duda el gobierno radical-moderado que designó el 28 de febrero de 1822 presido por Martínez de la Rosa cuando, como se viene reiterando, las Cortes eran de mayoría exaltada. En esas circunstancias y teniendo en cuenta las conspiraciones absolutistas protegidas por Francia desde el inicio de la etapa[20], el conflicto estaba asegurado. Y es que lo que hasta entonces se había mantenido dentro de una cierta contención, se mostraba ahora descarnadamente.

Así fue desde que echó a andar aquella legislatura en el mes de marzo, precisamente bajo la presidencia de Riego. Los levantamientos anticonstitucionales seguían siendo si no abiertamente protegidos, sí tolerados por el Ejecutivo que, sin embargo, se ensañaba en el castigo a los exaltados, en tanto que los altercados llevados a cabo por los moderados, e incluso los ataques absolutistas, quedaban impunes. Se trata hechos documentados desde el inicio de la etapa cuando, entre otros, acuerdos ambiguos por parte de la Junta Provisional en 1820, arbitrarios del Gobierno Bardají-Feliu en 1821 o Martínez de la Rosa en 1822 ,básicamente en torno a la protección a la jerarquía eclesiástica, la parsimonia en la investigación y resolución judicial de los sucesos de Cádiz en 1820, la negligencia mostrada en la persecución de los jefes militares y tropa que se negaban a acatar la Constitución o la deferencia mostrada a los obispos y diputados responsables del *Manifiesto de los Persas* que públicamente se contempló como un escándalo clamorosamente denunciado, por citar solo al-

---

[20] Este tipo de movimientos siempre fie objeto de preocupación para los liberales, con la excepción de los anilleros, desde el principio de la etapa cuando se reportan a la Junta Consultiva Provisional denotando una desconfianza que nunca cesó en el Trienio. Vid solo a título de ejemplo: Sesión 7 de mayo 1820 noche. Por un oficio de hoy quedó la Junta enterada de que según las últimas noticias recibidas del encargado de negocios de España en París son absolutamente infundados los rumores esparcidos por los malévolos de la reunión de tropas francesas en la frontera de España y de que el duque de Angulema iba a hacer un viaje a las provincias del mediodía de la Francia a la Lorena y a la Alsacia cuyo objeto era atraer los ánimos al partido del Reyen el momento en que iba a discutirse en las Cámaras la nueva ley de las elecciones; 19 de mayo 1820. La Junta por Reales Órdenes recibe comunicación por el Capitán General de Cataluña de la situación de la frontera con Francia y 18 de marzo de 1822 (Guipúzcoa). El Comandante general participa al ministerio de guerra que los soldados franceses que están en Andaya (sic) pasan de noche el rio armados para proteger de noche el contrabando y que día pasan desarmados y concurren a la taberna de la de la marina donde bebiendo algo más de lo regular alborotan a aquellos habitantes. El Comandante General avisó al Jefe Político de la provincia a fin de que apremiase al ayuntamiento de Fuenterrabía pusiera remedio en esto para lo que se franquearían los auxilios que necesitase. El Secretario del Despacho de la Guerra ha dado parte de todo al de Estado para que se diesen las correspondientes reclamaciones. ACD, Papeles secretos y reservados de Fernando VII, T. 35, 114-228 y 636 y T. 53, H3-53-0579r.

gunos de los más notables, acabaron desencadenando la desafección y hasta una declaración de desobediencia por parte del gobierno municipal de Murcia[21].

---

[21] La Junta Provisional mantiene al respecto una posición ambigua y en ocasiones se escuda en que es Competencia de las Cortes para no pronunciarse sobre cuestiones abiertamente inconstitucionales y que, además, generaban alarma social. P. ej. 23 de mayo 1820. La Junta comunica que la diferencia que establece en el tratamiento de los reverendos obispos que siendo diputados firmaron el manifiesto de los persas que le fue comunicada por el Ministerio de Gracia y justicia apelando al orden público fue contestada por Vicente Sancho diciendo que no hay razón para esa diferencia. ACD. Papeles secretos y reservados de Fernando VII. T.35, - fol 644; 31 mayo 1820 noche. Se da cuenta de la protesta de la Junta patriótica de Barcelona contra la conducta del obispo de Tortosa, Ibi, t. 35- fol 662 y el Sesión 10 de mayo de 1820. Anuncio de la intranquilidad publica porque no se ha aplicado el artículo 172 de la Constitución a los persas "La Junta mirará siempre como un ejemplo funestísimo y de consecuencias muy trascendentales el que el poder executivo ni el judiciario puedan mezclarse en el conocimiento de los delitos de un español cometidos mientras exercía el encargo de diputado de la Nación y no es necesario manifestar con cuanta facilidad, abierta esta puerta en un caso por grandes apariencias de justicia se podría extender a otros destruyendo insensiblemente los grandes objetos que se propuso el articulo 128 y el Reglamento de gobierno interior de las Cortes que fue consecuencia de aquel" aun así estima que deben tomarse medidas para asegurar la tranquilidad de tales personas hasta que se reúnan las Cortes. El art. 172 -11ª párrafo segundo permitía, en efecto, que "Solo en el caso de que el bien y la seguridad del estado exijan el arresto de alguna persona podrá el Rey expedir órdenes al efecto, pero con la condición de que dentro de cuarenta y ocho horas deberá hacerla entregar a disposición del tribunal o juez competente". ACD, Papeles secretos y reservados de Fernando VII, T. 35-120, 286. Es obvio que muestra una deliberada deferencia hacia estos diputados y en especial la jerarquía eclesiástica que, sin embargo, deniega a otros peticionarios, en especial militares, que, además, son abiertamente constitucionalistas. Vid, p. ej., la respuesta dada el 17 de junio de 1820. Enterada la junta de una exposición firmada por varios oficiales de la guarnición de Pamplona en que se quejan de que hayan sido separados de sus cuerpos algunos oficiales del regimiento imperial Alejandro sin formación de causa y con presencia de todos los antecedentes que ha remitido el señor secretario de la guerra considerar que debe hacerse saber a los interesados que SM tiene autoridad por la Constitución para disponer de la fuerza armada como mas corresponda al bien del Estado y de consiguiente para destinar a los individuos que la componen a los puntos que le parezca exigir la conveniencia pública... ACD, Papeles secretos y reservados de Fernando VII, T. 35-700. Sin embargo remite a la próxima reunión de Cortes la resolución de la petición que se le dirige contra los oficiales anticonstitucionalistas el 2 de junio 1820 noche "Enterada la Junta por Real Orden de lo ocurrido en la isla de Cádiz donde se solicita que los oficiales de marina que son desafectos al régimen constitucional la junta acuerda no pronunciarse porque desconoce los extremos pero asegura que los oficios deben darse a los conformes con el sistema constitucional pero que por ahora no es posible decretar ninguna medida sin intervención de las Cortes generales". En igual sentido acerca de un oficio del Capitán de General de Cádiz contra Antonio Quiroga que se niega a entregar un navío observando que no ve ninguna incongruencia con la legalidad constitucional y el 5 de junio 1820.Enterada del oficio del Comandante general de artillería acerca de las disputas entre los oficiales le ordena prudencia para resolver el conflicto hasta que las Cortes se reúnan y pronuncien. Contestación al segundo regimiento Guadalajara en Granada por protestas acerca de la situación en el sentido de que no se pronunciará hasta que tenga el dictamen del Capitán General. ACD, Papeles secretos y reservados de Fernando VII. T. 35, fol 665 y 672 respectivamente. Es a este respecto claro que tanto esta institución como los gobiernos posteriores desconfiaban abiertamente de los militares constitucionalistas como se pone de relieve, ya no solo el retraso en esclarecer los acontecimientos que tuvieron lugar en Cádiz en marzo de 1820, incluido el procesamiento de Freire, o los cambios de destino de los jefes civiles y militares que protagonizaron la proclamación de la Constitución, sino también en otros hechos puntuales. Un ejemplo elocuente es el hecho de que el 31 de mayo 1820.El Capitán General de Cataluña da cuenta de las medidas adoptadas para mantener el orden en esa región hasta el día 24 que hizo públicas en la plaza de Barcelona. La Junta provisional le hace saber que recaiga el peso de la ley para abortar la conspiración, pero no aprueba su actuación hasta que esta no viene respaldada por el Jefe político, cuyo nombramiento lo llevaba a cabo el propio rey: 1 de junio de 1820 noche. Aprobación de las medidas tomadas por el Capitán General de Cataluña de acuerdo con el Jefe político para mantener la tranquilidad en Barcelona y la región. ACD, Papeles secretos y reservados de Fernando VII, T. 35- fol 661 y 663 respectivamente. En fin, para no hacer una relación excesivamente extensa, baste con añadir como pruebas de desafección 16 de diciembre de 1821. Reunido en las casas consistoriales el Ayuntamiento de Murcia y autoridades acuerdan no dar cumplimiento a ninguna orden emanada del

Merece, en este sentido, la pena destacar el hecho probado de que, a pesar de sus esfuerzos, que no cesaron jamás y que se incrementaron después del ya mencionado nombramiento de un gobierno progresista el 8 de agosto tras los tristes y proféticos sucesos de los siete primeros días de julio de 1822, el desarrollo de una muy racional política y la implementación de medidas absolutamente necesarias y calculadas para, además de las más propiamente revolucionarias, solventar problemas endémicos llevadas a cabo por los exaltados, fueron sistemática y taimadamente abortadas por moderados, anilleros, absolutistas y un rey que nunca aceptó la Constitución y siempre se creyó absoluto.

III. La caída

La caída del Trienio, que fue desde todos los puntos de vista un auténtico infortunio para el desarrollo y evolución españoles, es sobradamente conocida y, en la historiografía oficial se identifica a los causantes con el rey, los absolutistas o serviles y el apoyo francés. Sin embargo, es notoria, y habrá que empezar a reivindicarla con fuerza, la influencia del grupo conservador cuyos integrantes, en especial los anilleros, desde antes, pero sobre todo desde la legislatura ordinaria de 1822, declararon una guerra sin cuartel a los exaltados, no dudando en aliarse en ocasiones con los realistas, con el rey a la cabeza, para echar por tierra sus planes y derogar la Constitución. Para conseguirlo, recurrieron a todos los medios: desde la difamación a partir de noticias falsas en la prensa a, naturalmente, decisiones políticas que iban de las destituciones arbitrarias e imputaciones ilegales a la conculcación de derechos, de manera muy directa, los procesales. El caso de Riego, aunque no es el único, fue entonces, y es ahora, extremadamente ilustrativo al respecto.

---

actual Gobierno y que se comunicase este acuerdo a las Cortes, al Rey y al Comandante General de Valencia porque se trata de un Ministerio que con sus desaciertos nos ha conducido al borde del precipicio. Manifiesto del ayuntamiento constitucional de Murcia acerca de los sucesos ocurrido en 29 del el actual mes de diciembre de 1821.sl, sf, en la oficina de Bellido. El Manifiesto del Jefe Político de Murcia es de 19 de diciembre y ahí consta el acuerdo de no obedecer las órdenes del Gobierno. Una prueba de que los gobiernos de la etapa tenían poco o nulo interés en reprimir estos movimientos sobre todo con Cortes de mayoría exaltada son algunos testimonios como, p. ej. esta, entre otras muchas, presentada bajo la presidencia de las Cortes de Riego el 11 de marzo de 1822. Petición del Diputado Castejón: Pido a las Cortes se sirvan nombrar una comisión especial para que oído el Gobierno y previas todas las noticias necesarias relativas a los sucesos que turbaron en el día de ayer la tranquilidad pública, proponga todos los medios convenientes a fin de que en lo sucesivo se eviten tan escandalosos acaecimientos. Madrid y marzo 11 de 1822. ACD. Papeles secretos y reservados de Fernando VII, T. 53, H3-53-0722r o de 18 de abril de 1822. Gerona representación a las Cortes. Soberano Congreso Nacional. Un verdadero ciudadano se atreve a noticiar a tan soberano cuerpo el estado actual de Cataluña y aun de lo restante de la Nación. La falta de justicia es un apoyo general para los enemigos del sistema. Antes teníamos un rey absoluto, y ahora cada jefe político es un déspota, cada intendente un tirano, cada general un absoluto y cada juez un Estafador publico un quebrantados de la sabia Constitución y un apoyo para los enemigos de ella. ACD, Papeles secretos y reservados de Fernando VII, T. 53, H3-53-1038r. Para la posición de la jerarquía eclesiástica durante el periodo es de inexcusable consulta el excelente artículo de La Parra López, E., "1820: ruptura entre la jerarquía eclesiástica y en Estado Constitucional", en Historia Constitucional, nº 21, 2020, pp 5-26, y "La cuestión religiosa durante el Trienio Liberal", en, I. Fernández Sarasola y Manuel Chust, El trienio liberal, cit., pp 183ss, entre otros del este historiador.

En este sentido, el enfrentamiento sin tregua comenzó desde los inicios del periodo, con un escenario preferencial en el propio salón de sesiones de las Cortes. Todos, tanto los sucesivos diputados como el público interesado en general, sabían el origen y conocían sus efectos pero las razones últimas del mismo que, como es obvio, tienen causa sobre todo en la defensa y rechazo de la Constitución de 1812, pero también en el propio ideario político, se manifestaron egregiamente en las diferencias que se plasmaron de forma tan nítida como exacta en el debate sobre el informe acerca del Estado Político de Nación elaborado por la comisión designada *ad hoc* en abril de 1822. Nos detendremos brevemente en él porque ayuda sobremanera a entender el pensamiento político-constitucional de ambos partidos, y en consecuencia, de Riego, que estuvo allí e incluso apremió para que la Comisión evacuara cuanto antes este informe, habida cuenta el estado crítico de la situación[22].

Finalmente, el informe de la Comisión fue leído en el pleno en la sesión del 16 de junio de 1822, a quince días del cierre de la Legislatura que había sido prorrogada por un mes. Sin embargo, más que el propio informe, lo que resulta sustancial –sobre todo para entender que la diferencia entre exaltados y moderados, no es solo una cuestión de ideas sino de métodos y también para localizar la raíz del conflicto que no era otra que la lucha sin cuartel del ejecutivo, egregiamente representado en ese momento por el Gobierno Martínez de la Rosa, contra el legislativo y por extensión contra los exaltados– es el voto

---

[22] Sesión de 27 de abril de 1822. Discusión sobre la comisión acerca del Estado político de la Nación "Declarado el punto suficientemente discutido, indicó el Sr. Alix que podria sustituirse que la comision hubiese de dar su dictamen para el dia 15 de Mayo; y habiendo manifestado el Sr. Melo que esto seria poner á la comision en ridículo, manifestó el mismo Sr. Alix que se dijese "á la mayor brevedad", en lo cual dijo el Sr. Melo no habia inconveniente. El Sr. Riego observó que la comision que se nombró en las Córtes anteriores con el mismo objeto habia ya presentado su informe el 20 de Marzo, y que así no podia menos de rogar á la comision actual que evacuase el suyo con la mayor brevedad posible. Contestóle el Sr. Alava que reflexionase la diferencia de las circunstancias del año pasado al presente, y veria cuánto más difícil era dar en éste un informe acertado y oportuno. El Sr. Riego le replicó que lo que veia era que los desórdenes y los disgustos habian ido en aumento de dia en dia, y que esto exigia un remedio pronto y eficaz" (cursiva mía). Diario de Sesiones de las Cortes (DSC), sesión 27 de abril de 1822, p.1010. Insiste en esta idea también en la Sesión 28 de Mayo de 1822: "Como las noticias que se reciben de Cataluña, Galicia y otras partes cada vez son más alarmantes, y por ellas se echa de ver que el proyecto de los enemigos del sistema es envolvernos en los horrores de la anarquía, asesinando los patriotas más decididos, y alucinando á los incautos para que cooperen á las miras de los infames autores de tan infernal trama, pedimos á las Córtes se sirvan disponer que las comisiones encargadas de proponer medidas é informar sobre el estado de la Nacion, presenten sus trabajos á la posible brevedad.» Preguntóse por un Sr. Secretario si se diria que las comisiones quedaban enteradas de esta excitacion, y las Córtes tácitamente convinieron en ello; más habiendo reclamado poco despues el Sr. Riego y algunos otros señores Diputados que se tomase una resolucion positiva, se declaró la proposición comprendida en el art. 100 del Reglamento y fué aprobada". El artículo 100 del Reglamento en efecto disponía que "en asuntos de poca importancia que no deben producir resolucion alguna sea (en este caso no era una cuestión sustantiva sino que se trataba de apremiar a la Comisión para que presentara su dictamen cuanto antes) una ley o decreto o disposición trascendental a toda la monarquía, podrán hacerse proposiciones por los Diputados, que el Congreso tomará en consideración, y sobre las cuales podrán resolver en el momento lo que tuvieren por conveniente". DSC, sesión 28 de mayo de 1822, p.1595. Reglamento del Gobierno interior de Cortes y su edificio reformado y adicionado considerablemente por las Cortes y su congreso en las legislaturas ordinarias de 1820 y 21. Madrid, Imprenta Nacional, 1836.

particular presentado por dos individuos de la Comisión, los diputados Ruíz de la Vega y Zulueta[23].

La Comisión, en efecto, se había limitado a presentar un dictamen desvirtuado y anodino. Un informe "raro" –así lo calificó durante la discusión Antonio Alcalá Galiano– que se limitaba a fijar las responsabilidades en la influencia que ejercía el clero sobre todo en las mentes más simples de las zonas rurales y proponía para eliminarla la educación de los labriegos mediante catecismos políticos para que "vayan empapándose de la doctrina constitucional" . La solución, pues, era una cuestión de instrucción pública que, además, se complementaría con una justa redistribución de los bienes baldíos desamortizados y su redistribución mediante "leyes paternales".

Frente a esta propuesta, Ruíz de la Vega y Zulueta presentan un extenso y concienzudo escrito en el que describen causas y efectos. Aunque comparten alguno de sus puntos, van más mucho más allá de lo recogido en el informe. Describen la división política de los dos partidos dibujando un mapa que, en cierto sentido, prefigura el del caciquismo decimonónico al distinguir entre, por un lado, las zonas periféricas ("litorales") y Madrid como territorios avanzados en los que ha arraigado el movimiento de exaltación de la Constitución basándose en expresiones pacíficas (cánticos, manifestaciones, tertulias) y, por el otro, las provincias "del interior", a las que adscriben los movimientos antiexaltados, donde reina la intolerancia que se manifiesta en asesinatos, muertes, persecuciones de los adversarios políticos liberales, entradas violentas en los locales, apoderamiento de las casas consistoriales y sabotajes en las elecciones.

Exponían que tales actitudes no se debían solo al "siniestro influjo de los eclesiásticos", sino a la apatía e ignorancia de muchos ayuntamientos y a "la lenta administración de justicia e impunidad de los delitos", y aunque están de acuerdo en "los remedios que más comúnmente se indican: establecimientos de escuelas y catecismos para el progreso de la instrucción pública, así como la reforma y dotación del clero", añadían que tales medidas tenían que completarse con otras. Proponían al efecto algunas que, en realidad, eran una respuesta a las reiteradas peticiones cursadas desde los ayuntamientos constitucionales, como "el arreglo y alivio de las contribuciones", pero otras se dirigían directamente a la eliminación de alguna de las más notorias fuentes del problema principal como eran la regulación "de las Milicias locales con las oportunas medidas para remover los desórdenes a que inducen los vicios de su reglamento, el establecimiento de un sistema de policía de seguridad, la represión de algunos derechos mal entendidos de que abusan los díscolos y propensos al desorden y aún la ampliación de algunas facultades a las autoridades públicas".

---

[23] Domingo María Ruíz de la Vega y Méndez, fue elegido diputado por Granada el 3 de diciembre de 1821 y fue presidente de las Cortes del 7 al 19 de febrero de 1823. Era exaltado como Pedro Juan de Zulueta, el otro firmante del voto particular, elegido el 2 de diciembre de 1821 diputado por Cádiz y que también fue Presidente de la Cámara en aciagas fechas: desde el 7 de julio de 1823 hasta el 5 de agosto de 1823. ACD Serie documentación Electoral: 8 nº 14 y Serie documentación Electoral: 8 nº 7, respectivamente.

En este sentido adquiere particular interés subrayar el hecho de que, para estos diputados, el auténtico origen del mal estaba en la falta de "espíritu público", lo cual era particularmente grave en el estado "crítico y peligroso por el que atraviesa la Nación". Compartían, desde luego, que la causa natural de la peligrosa situación es la falta de instrucción, pero añadían que también lo eran los deliberados e interesados impedimentos que se ponían a la "la revolución de ideas (cuya) marcha es semejante a la de un cuerpo que se desprende por un plano inclinado: no hay fuerza capaz de detenerla".

En una indisimulada crítica al Gobierno, para ambos diputados era obvio que "esta marcha de opiniones debe dirigirse, no forzarse". Lo que se necesitaba, por tanto, era

> "un Gobierno ilustrado y liberal (que) no debe reprimir a bulto y sin discreción las pasiones de sus gobernados ni presentarles estímulos que les reduzcan a profesar a la fuerza determinadas opiniones… Todo lo contrario, un Gobierno franco debe tener una indulgencia con las opiniones de sus súbditos, debe favorecer las que son conformes al sistema de gobierno establecido y desarraigar lenta e indirectamente las segundas".

En última instancia, se trataba de tener un Gobierno que no reprimiera al partido

> "conocido bajo el nombre de exaltacion, (porque) es más análogo y favorable á la causa de la libertad, á no ser que se admita el absurdo de creer que la ignorancia y el fanatismo engendran un espíritu más sano y una opinion más recta que la ilustracion y la civilidad".

Para los dos diputados, lo que existía entonces era una situación exactamente contraria a la que acaba de describirse. De hecho, era un escenario

> "donde el espíritu público es conducido al extremo deplorable en que se haya y de que es forzoso sacarle si se ha de contar con él en la crisis peligrosa de la Nación, en que un espíritu abiertamente inconstitucional proclama ya Ia rebelión y hostiliza cruelmente las provincias".

En su crítica sin paliativos al Gabinete Martínez de la Rosa no dudaron en proclamar descarnadamente que

> "si el Ministerio actual no trata de reconocer los indicados principios y ajustar á ellos la marcha de sus operaciones, como es de esperar del amor que deben á la Pátria, no saben los que suscriben explicar hasta qué punto tendrá que crecer la afliccion de esta comun madre".

La conclusión, por consiguiente, iba de suyo: sí a las medidas sobre la instrucción, bajada de contribuciones, eliminación de ciertos impuestos, pero además y sobre todo, tolerancia hacia las opiniones políticas diversas y abandono de la represión brutal. El voto concluye con un ruego directo a la Cámara en el que Ruíz de la Vega y Zulueta solicitan

> "que entre las medidas que más urgentemente deben tomar las Cortes, lo son aquellas que tienen relacion con el objeto de dar un vivo impulso al entusiasmo

nacional, excitar el espíritu público amortiguado, robustecerle, y hacerle capaz de contrarrestar el torrente de males que nos amenaza"[24].

Me he tomado la licencia de trasladar párrafos enteros de su extenso escrito porque en él la descripción de la situación es tan descarnada, la identificación de males tan lúcida y la oferta de soluciones tan directa que, a mi parecer, obvian comentarios.

No es necesario añadir que los exaltados allí presentes se sintieron completamente identificados con la exposición porque, en realidad, no solo estaban defendiendo vidas y derechos, cómo entre otros la libertad de expresión; estaban, sobre todo, y de ello todos eran conscientes, defendiendo la "intacta", esto es, la Constitución de 1812 en su integridad. Como lo hizo el ciudadano General Riego, uno de los diputados que más arduamente luchó para que este informe y su debate en Cortes se llevaran a cabo con la mayor celeridad y cuya incansable actividad a favor de la Constitución le convirtieron entonces en la imagen por antonomasia de la etapa, desde el comienzo hasta el final.

IV. Riego constitucionalista revolucionario, diputado exaltado y ciudadano consciente.

Por lo demás, es superfluo recordar que el pensamiento constitucional de Rafael del Riego responde literalmente a los requerimientos del constitucionalismo revolucionario. Se alinea exactamente con el ideario exaltado más riguroso, cuyo lema era "Constitución o muerte" y del que llegó a ser su símbolo indiscutible[25]. Y así quedó plasmado desde el primer momento de la "Revolución de 1820" hasta el último episodio de su vida. Basta recordar al efecto tanto los actos, discursos y proclamas del 1 de enero de 1820, como esa petición postrera en el inicio de su enjuiciamiento en 1823 de que se le aplicase la Constitución, única legislación legítima y válida que reconocía.

Para Riego, y para los exaltados más rigurosos, en efecto, la Constitución de 1812 era, en primer término, una norma de obligado cumplimiento que no admitía suspensiones (como las que defendían y habían practicado sobre todo los anilleros) y que no aceptaba recortes, modificaciones o alteraciones porque su reforma estaba prevista por el artículo 375 donde explícitamente constaba que la misma se retrasaba hasta ocho años más tarde de su entrada en vigor. A este respecto, se puede afirmar que, en cierto sentido, actuaban de acuerdo a los requerimientos del positivismo jurídico radical de formulación muy posterior porque afirman que el único límite que puede encontrar en su actuación el legislador que reforma la Constitución se deriva de su obligación de observar el procedimiento legal, constitucionalmente previsto en el propio Texto Cons-

---

[24] DSC Sesión 15 de junio de 1822, pp 1929-1931.
[25] Sobre Riego vid, entre la abundantísima bibliografía, la excelente biografía de Víctor Sánchez Martín, Rafael del Riego, símbolo de la revolución liberal. Oviedo, In Itínere, 2024.

titucional vigente, para llevar a cabo su modificación formal[26]. En todo caso, y entre tanto, su aplicación íntegra –de hecho, se referían a ella como "la intacta"– no admitía excepciones.

Los progresistas, no solo españoles sino europeos, la consideraban un texto casi perfecto y, desde luego, el más adecuado para responder a las demandas de una situación, que era de todo menos fácil, mediante una interpretación rigurosa y respetuosa de su articulado, porque en él se hallaban todas las respuestas, incluso para los asuntos más graves y perentorios.

Para Riego se trataba de un texto incuestionable hacia el que mostró una lealtad inquebrantable hasta el final. Un testimonio extremadamente elocuente son sus actos y sus proclamas al ejército expedicionario a América, y más en concreto al Rio de la Plata, ese primero de enero de 1820, de las que extraeremos algunos párrafos que corroboran cuanto se viene diciendo.

No es a este respecto casual que, exactamente a las ocho de la mañana de ese primero de año, se dirigiera en primer lugar a la tropa, acto que más bien debe interpretarse como una expresión de lealtad entre el jefe al mando de un regimiento y sus soldados. A ellos quiere transmitir su confianza inquebrantable en la Constitución como fuente inagotable de paz, fraternidad, prosperidad y bienestar y a ellos se dirige exponiendo textualmente que se niega a perder vidas para

> "sostener una guerra inútil, que podría fácilmente terminarse con sólo reintegrar en sus derechos a la Nación española. La Constitución, sí, la Constitución, basta para apaciguar a nuestros hermanos de América».

En contra de lo que afirmaron sus enemigos políticos –y de lo que fue opinión mayoritaria en el siglo XIX, creada a través de una organizada campaña de desinformación– Riego poseía una razonable formación constitucional adquirida mediante el estudio, estancias como prisionero en el extranjero y frecuentación de reconocidos constitucionalistas. Bien es cierto, sin embargo, que su posición doctrinal no estaba exenta de contradicciones como se pone de relieve en el discurso, dirigido a los oficiales y al pueblo de "Las Cabezas" allí presente, pronunciado tras finalizar el anterior.

Aunque la considera primordialmente como el "cimiento y encarnación de toda Nación moderna", defiende, no obstante, ahí una teoría pactista ("pacto entre el Monarca y el pueblo") que no sería fácil encontrar en el constituyente liberal gaditano que elaboró "entre sangre y sufrimiento" la Constitución "española, justa y liberal"[27]. Aun así, frente a esta, en su caso, extraña posición,

---

[26] Sobre el positivismo jurídico en la época vid entre los más recientes, Lloredo Alix, Luís, "Muertes y resurrecciones del positivismo jurídico: una crisis de doscientos años de duración", Doxa. Cuadernos de Filosofía del Derecho. 2017, 40: 249-278. doi:10.14198/DOXA2017.40.10, en especial pp 258ss, aunque la posición de Riego y los exaltados era clara y estrictamente positivista sin concesiones, sobre todo en lo referido a la reforma de la Constitución.

[27] Vid sin ir más lejos el artículo "De la legitimidad de nuestra insurrección" en la Gaceta patriótica del ejército nacional", nº 1, 25 de enero de 1820 en la que expresamente se dice que "la Nación empezó a existir como un cuerpo representativo y el rey vio su autoridad muy limitada".

su definición de la de 1812 como la "afirmación legítima y civil de los derechos y deberes de los españoles, de todos los españoles, desde el Rey al último labrador" es una declaración inequívocamente propia del constitucionalismo revolucionario.

En todo caso, para Riego, en ese momento por encima de cualquier otra consideración era necesario y acuciante restaurar la vigencia de la Constitución, y también que el rey la jurara y respetara, "para que España se salve". Y es precisamente ahí donde aparecen las palabras-conceptos que, en mi opinión, quintaesencian la posición e ideología exaltada: el respeto a la intacta y al ordenamiento jurídico, por un lado y, por el otro, el binomio derechos-deberes. A este respecto, se debe, asimismo, señalar un aspecto de una relevancia concluyente en este caso: es obvio que Riego y sus correligionarios consideraban una obligación no moral, sino estrictamente jurídica, la restauración constitucional.

Ahora bien, ese "deber sagrado" que él y sus compañeros debían llevar a cabo y realizaron el 1 de enero de 1820 porque era perentorio poner fin a una situación de emergencia toda vez que «España está viviendo a merced de un poder arbitrario y absoluto, ejercido sin el menor respeto a las leyes fundamentales de la Nación", tenía unos límites claros y precisos. Tales límites venían dados por el objeto que no era otro que restaurar la Constitución. Ese y solo ese era su propósito y ningún otro, y menos aún tomar represalias, porque eso era una competencia exclusiva de las Cortes. Ahí, a mi parecer, reside el fundamento de un acto que, lejos de ser un pronunciamiento al estilo decimonónico, incluso de una insurrección cuya legitimidad entroncaría con la teoría del tiranicidio de la Segunda Escolástica española[28], responde más bien a la idea de un mandato jurídico, tal como el propio Riego expuso taxativamente en su discurso[29], cuya conclusión, por cierto, supone un rechazo de dos (racismo y pobreza) de las tres discriminaciones congénitas del constitucionalismo moderno[30].

Pero era asimismo obvio que para conseguir el objetivo no bastaba con la mera proclamación porque la Constitución tenía que afianzarse desde la base con la reposición de las autoridades que facilitaran su aplicación. Por esta razón se llevó a cabo la reposición de los alcaldes constitucionales –D. Antonio Zulueta y Beato y D. Diego Zulueta el menor– que "lo eran en el año 14 y dejaron

---

[28] "Gloriosa insurrección del ejército nacional contra la tiranía". Así la denomina la Gaceta Patriótica del Ejército Nacional, nº 1, 25 de enero de 1820, p. 5.

[29] "A nosotros sólo nos toca reponer a la Nación en sus antiguos derechos; y tan sólo con ese objeto debemos usar de la fuerza que tenemos en las manos. Cuando la Nación, ya libre, pueda reunirse en sus Cortes Generales, entonces ella pronunciará, cual soberana, si Fernando merece ser perdonado y sentarse sobre el trono constitucional que vamos a levantar o si debe ser deshonrado". https://www.cervantesvirtual.com /obra-visor/proclama-de-rafael-del-riego-las-cabezas-de-san-juan-1-de-enero-de-1820-1069536/html/ 4b5e6e3e-263f-4ac9-97bd-31523fab132a_2.html

[30] "Los hombres de todas las Naciones, de todas las religiones, de todos los colores, verán que la justicia preside nuestra marcha; y los pueblos todos, lejos de recriminar nuestro arrojado alzamiento, nos colmarán de sus bendiciones". La tercera discriminación, como bien señaló en su día Bruce Ackerman, es el sexismo. Ibi.

de serlo cuando un rey absoluto, el ingrato Fernando, había usurpado los derechos de la Nación". Ahora Riego los reestablecía en base a "las amplias facultades que tengo para constituirlos en el paternal cargo que les confiere la sabia Constitución Española, la cual desde este momento vuelve a regir en toda su fuerza y vigor en toda la Nación Española".

Riego parece ser consciente de las implicaciones que pudiera derivarse de esa referencia a las "amplias facultades", de ahí que, insistentemente, tanto en la proclama como en el bando que dicta a continuación, proceda a una explicación de las mismas y confirme que solo se trata de un paso exclusivamente provisional y transitorio antes de que

> "la Nación toda se va a ver de nuevo representada en sus Cortes soberanas; y mi esfuerzo principal es en este instante ayudarla, quebrantando los ignominiosos hierros que en estos seis últimos años tan injustamente la oprimían. En este concepto vuelven ustedes desde este momento a ejercer el paternal cargo de alcaldes constitucionales de esta villa, que entonces desempeñaban, y en cuya posesión les pondré por ante el escribano del cabildo; que los habitantes del pueblo observen el bando que vamos a dar».

El bando, en efecto, recoge medidas que se adoptan "por convenir imperiosamente al mejor servicio de la Nación" y están fundamentalmente destinadas a impedir la huida y abandono de los habitantes, deseando fervientemente no tener que utilizar la fuerza para llevar a cabo su aplicación.

Cabe decir que esta reposición del ayuntamiento constitucional y sus titulares de 1814 sería posteriormente impugnada ante la Junta Provisional nombrada en marzo de 1820, la cual, en junio de ese año emite una real orden declarando la validez de los mismos. La resolución en este sentido está probablemente influenciada por una de las primeras medidas adoptadas por el rey tras el juramento semiprivado de la Constitución realizado el 9 de marzo, consistente en ordenar que se conformen en todos los pueblos ayuntamientos constitucionales.

Es, a este respecto, importante resaltar la importancia de la datación, firma y rúbrica del bando, que tiene carácter ejecutivo y no programático. Fue "Dado en el primer cantón constitucional del Ejército Nacional, y Español patriótico, a 1.º de Enero de 1820. RAFAEL DEL RIEGO" (sic). Su relevancia viene dada porque en el mismo aparecen expresados de forma inequívoca los principios rectores (Constitución, Nación y Patria) de la revolución de 1820 que conformaron la guía de actuación, por así decir, del partido exaltado y, en consecuencia, de Riego.

El patriotismo y la lealtad constitucional fueron, en efecto, las virtudes que adornan la vida pública de los casi cuatro últimos años de la vida de Riego que son asimismo los del Trienio. Lo advertimos en las proclamas, en la defensa incansable de la Constitución desde la larga marcha de enero a marzo de 1820 hasta su último acto público, que no es otro que el relativo a su enjuiciamiento en el que declaró, como ya he señalado, no reconocer ni acatar más ley que la Constitución como única norma legítima.

Esta defensa y adhesión a la *intacta* fueron combativas, reales, y se manifiestan, más que en el propio Congreso, en las intensas campañas de divulgación de la Constitución y en la búsqueda de adeptos a la misma hasta el último momento, utilizando fundamentalmente la palabra más que la violencia, bien mediante la convicción o través de la negociación. Así se pone de manifiesto tanto por su recorrido por Andalucía occidental en los primeros meses de 1820 como por su carta al general realista de Andalucía instándole a unirse a los constitucionalistas o sus arengas a la Milicia nacional y a los desertores para que se incorporaran a filas en agosto de 23, cuando todo estaba ya perdido[31]. Fue la suya una lealtad sin fisuras, tanto en el plano teórico como en la praxis y en los distintos puestos que desempeñó. Desde luego, se muestra en las circunstancias más adversas, incluso frente a otros correligionarios políticos. Así al menos lo revela el hecho de ser elegido presidente de las comisiones de Cortes que debían comunicar al rey acuerdos de las mismas contrarios a sus intereses o el de pedir el juramento de la Constitución a los miembros de la regencia provisional designada durante la breve inhabilitación del rey en la primavera de 1823.

En su caso, este empeño, que es más bien coherencia personal, tuvo como consecuencia directa e inmediata incrementar la enemiga del rey, al que se mantuvo siempre leal pero ante quien, cuando desempeñó la presidencia de las Cortes en marzo de 1822, no vaciló en recordar en su breve discurso de contestación al que aquel pronunció en la apertura de las Cortes, que éstas "*harán ver al mundo entero que el verdadero poder y grandeza del Monarca consiste únicamente en el exacto cumplimiento de las leyes*"[32]. Fernando VII utilizó taimadamente los diversos nombramientos que le confirió –y cuya renuncia se negó aceptar con el fin de proceder a humillarlo reiterada y públicamente– y le profesó un odio que alcanzó su máxima expresión en la ejecución del general asturiano. No fue el único, también los adversarios políticos, doctrinarios y moderados, mostraron hacia él un aborrecimiento singular e inaudito que se mantuvo a lo largo del siglo XIX. Para estos, Riego era el primero de sus oponentes políticos a quienes consideraban enemigos que había que abatir por

---

[31] Riego en efecto, había sido nombrado por esa milicia coronel de dos batallones por ofrecimiento de la misma en 1820. Ramirez, Fracisco de Paula, "comunicación de la Milicia nacional de infantería de Málaga del nombramiento de Riego como coronel de dos batallones". BN, MSS/20270/139, cit. El 21 del mismo mes, dije una arenga a los desertores prometiéndoles el perdón. Para entonces, según una noticia de El Espectador publicada por la Gaceta, tras la traición del General Ballesteros Jefe del Ejército de Andalucía, se encontraba en esa ciudad con solo 50 infantes y 10 caballos: " En El Espectador de hoy se lee el artículo siguiente: Cádiz 27 de Agosto.- El Gobierno ha recibido esta tarde pliegos del general Riego que permanecía el 23 en Málaga al frente de 50 infantes y cerca de 10 caballos. El espíritu de aquellas tropas no puede ser mejor, y cada día se van reforzando con gran número de españoles honrados, que resisten á las pérfidas insinuaciones de los hombres débiles y perjuros". Gaceta Española:núm. 146, de 02/09/1823, páginas 542 a 543; núm. 143, de 30/08/1823, página 529; núm. 142, de 29/08/1823, página 525.

[32] De hecho, el párrafo conclusivo era ""(Las Cortes, unidas íntimamente a V.M.) se prometen asegurar para siempre el goce de las libertades del pueblo español, llevando por estos medios á la Nacion al grado de prosperidad á que es acreedora : procurarán al mismo tiempo dar nuevo brillo al Trono constitucional de V. M., y harán ver al mundo entero que el verdadero poder y grandeza del Monarca consiste únicamente en el exacto cumplimiento de las leyes." DSC, sesión 1 de marzo de 1822, p. 54.

todos los medios, legales e ilegales. En su caso lo demostraron sobradamente cuando los sucesivos Gobiernos se negaron a concederle juicios justos en las causas arbitrarias incoadas contra él, y también inaugurando una campaña de desinformación que arraigó en la historiografía hasta tiempos recientes.

Para ambos, rey y moderados, radicales o no, y no sin razón, Riego era el símbolo por excelencia del constitucionalismo revolucionario en una época de cartas otorgadas y triunfo absoluto del liberalismo posesivo que había hecho de la propiedad su estandarte identificativo y de la mesocracia elitista su bandera. Era un riesgo, un peligro que había que erradicar. Y desde el primer momento, como se pone de relieve en la ambigua posición que mantuvo la Junta Provisional en relación a su persona y a los oficiales y el ejército de la Isla que tan vivamente contrastan con la tolerancia y hasta la negligencia manifestada en relación a los graves sucesos de Cádiz en marzo de 1820 y la pasividad hacia los movimientos anticonstitucionalistas que, por cierto, se mantuvieron por los sucesivos gobiernos, excepto el exaltado de San Miguel.

En el imaginario colectivo aparece como el héroe que luchó contra la tiranía y el despotismo. Pero sobre todo fue el defensor de la Constitución, mostrando hacia ella una lealtad inquebrantable que, probablemente, alcanza su culmen en la sesión de Cortes de 28 de abril de 1823 cuando, tras ceder el premio de 80000 reales que estas le habían concedido en 1820 para formar un ejército dependiente de las Cortes ante la defección de los jefes de los ejércitos nacionales que se rindieron a los franceses sin presentar una sola batalla, proclamó en la Cámara que todos conocían que "no podía vivir en España sin *la* Constitución". Pocas son las ocasiones en que un solo artículo tuvo un significado tan profundo y, sobre todo, tan determinante como alcanzó en ese en ese momento.

Riego, que renuncio a todos los honores y aceptó por obediencia, dada su condición, los militares, que introdujo como presidente de las Cortes el Diario de Sesiones tal y como lo conocemos ahora, que creó la tribuna de prensa para que los periodistas no alterasen los discursos de los oradores, que fue el diputado en el que confiaba la Guardia Real, un cuerpo conocido no precisamente por su lealtad constitucional, las milicias nacionales y cientos de ciudadanos, fue finalmente ejecutado tras una farsa de juicio que atacaba hasta los más elementales principios del derecho penal del Antiguo Régimen, el 7 de noviembre de 1823 en la Plaza de la Cebada de Madrid para escarmiento público.

Desde el mismo momento de su encarcelamiento por delación, la prensa absolutista, empezando por la *Gaceta de Madrid*, se refirió a él como criminal y le despojó de todo tratamiento al que tenía derecho. Un tratamiento como mariscal de campo que solo le restituyó cuando, en el colmo de la infamia, publicó en diciembre de 1823 un facsímil que no era más que una impúdica falsificación de una supuesta retractación que jamás tuvo lugar.

Para los moderados más radicales, los anilleros, la campaña de desinformación sobre él empieza su ataque más importante con la carta que en diciembre de 1823 escribe Quintana a Lord Holland donde lo califica de prepotente, tiránico, ignorante, vanidoso y falto de cualificación[33], opinión esta que, por cierto, compartirá a partir de la década de 1830 Antonio Alcalá Galiano a quien Riego, en su día, defendió de los justos ataques exaltados y que, también entonces, no dudó en utilizar su nombre en provecho propio durante el Trienio.

Sin embargo, si se lo observa con objetividad a doscientos años vista, Riego fue un constitucionalista consciente y leal cuyo único fin era lograr que se guardara respeto a la constitución y al orden jurídico vigente. Respeto, he ahí la palabra. Porque las invocaciones a la Constitución *intacta* se fundamentan en lo que era entonces la doctrina aceptada: el acatamiento "cuasi religioso" que diría más de un siglo después Bertrand de Jouvenel y coetáneamente Daunu[34] a la Constitución y las leyes y que ya habían perdido los moderados, introduciendo así uno de los peores hábitos de nuestra historia de los últimos siglos.

Este, precisamente, fue, en mi opinión, el motivo fundamental de la caída de Trienio, más allá de las operaciones serviles de absolutistas y realistas, como lo fue de la muerte fe Riego, como lo fueron la campaña de desinformación y el nacimiento de prácticas espurias en la política española que todavía están plenamente vigentes desde dos siglos atrás. Unas prácticas que nacieron para desacreditar a Riego y los exaltados, los auténticos constitucionalistas cuyo único crimen fue reclamar la aplicación de la Constitución, respetar las instituciones y cumplir escrupulosamente la legislación elaborada en una Cámara que representaba la soberanía nacional porque "en un gobierno de las leyes nadie está por encima de la ley".

---

[33] Quintana, Manuel José, *Cartas a Lord Holland sobre los sucesos políticos de España en la segunda época constitucional*. Segunda edición. Madrid, Imprenta de M. Rivadeneira, 1833, carta tercera.

[34] *Essai sur les garanties individuelles que réclame l'état actuel de la société* par P. C. F. Daunou, membre de l'Institut. Paris, 1819, cap. VII.

LA MUERTE DE RAFAEL DEL RIEGO EN LA POESÍA EUROPEA: CRÓNICAS DE UN CRIMEN DE ESTADO

Alicia Laspra Rodríguez
Profesora Titular de Filología Inglesa
de la Universidad de Oviedo

I. Recordatorio preliminar

Rafael del Riego ha pasado a la historia como el gran defensor de la Constitución de Cádiz y el protagonista un pronunciamiento, el de 1 de enero de 1820, que sería admirado e imitado por los liberales europeos durante toda la década. Se atribuye a una iniciativa instigada por Antonio Alcalá Galiano y Juan Álvarez Mendizábal, y escenificada por Riego. Cabeza visible de la revolución liberal y punta de lanza de la deseada España del Nuevo Régimen, el militar y político de Tuña vería, en solo tres años, su carrera truncada y la vida segada con su ajusticiamiento público el 7 de noviembre de 1823[1].

Antes del pronunciamiento el entonces teniente coronel Riego solo era conocido en su entorno inmediato. El propio Alcalá Galiano parece haber declarado en esa época que no le conocía ni de vista. Pero cuando Riego llegó a Madrid en septiembre de 1820 su prestigio le reportaría un sorprendente y multitudinario agasajo. A partir de entonces su fama se extendería por España y por Europa a velocidad vertiginosa.

Al analizar la figura de Riego es importante recordar que había vivido en Francia durante la Guerra de la Independencia, entre 1811 y 1814, en calidad de prisionero. No es difícil entender que más de tres años de contacto directo con nuevas ideas y tendencias ideológicas, incluyendo la masonería, inevitablemente contribuyeran a que un joven de 21 años, alejado de su entorno habitual, forjara un pensamiento político liberal y europeísta. Esta etapa de su vida y las consecuencias de la misma reclaman una atención especial pues es evidente que, en el imaginario creado en torno a su formación, se le sitúa injustamente en un nivel inferior al de los intelectuales de su tiempo, muchos de los cuales no disfrutaron de una experiencia de internalización tan interesante y prolongada, precisamente a la edad en que se afianza el pensamiento político de las personas.

---

[1] El presente trabajo deriva parcialmente de una conferencia presentada en el Real Instituto de Estudios Asturianos en el marco del Ciclo de conferencias conmemorativas del II Centenario de la muerte del general D. Rafael del Riego y Flórez (Tuña, 7 abril 1784-Madrid, 7 noviembre 1823), 31 mayo-27 junio 2023.

Que Riego llegó a ser famoso y respetado en los círculos liberales de Europa quedó demostrado un año antes de su muerte, con ocasión de una reunión de importantes dirigentes del movimiento constitucionalista europeo celebrada en Madrid a fines de 1822, precisamente en su domicilio madrileño. De esta histórica, aunque poco conocida reunión de liberales europeos, surgiría pronto el denominado *London Greek Committee*, destinado a conseguir financiación con el fin de propiciar el liberalismo independentista en Grecia. Pero el objetivo principal del encuentro era adoptar decisiones encaminadas a lograr apoyo financiero para sostener a los defensores del liberalismo en España.

Estuvieron presentes, además de Riego, una docena de influyentes liberales españoles, entre ellos Álvaro Flórez Estrada, Antonio Quiroga, Francisco Ballesteros, Francisco Javier de Istúriz, Juan Romero Alpuente y el ya mencionado Alcalá Galiano. En cuanto a representación foránea, participaron en la reunión el general italiano Guglielmo Pepe, que se encontraba en el exilio después de fracasar en Nápoles, donde había protagonizado un levantamiento liberal a imitación del pronunciamiento de Riego e implantado la propia Constitución de Cádiz. Admirador incondicional de Riego, le había escrito desde París, en marzo de 1822, indicando que 'todos aquellos que sirven a la causa de la libertad son camaradas automáticamente, aunque no se conozcan en persona'[2]. También asistieron el político e hispanista inglés John Bowring, primer traductor del himno de Riego a la lengua inglesa[3], y su buen amigo y colaborador el irlandés Edward Blaquiere, ardiente defensor del liberalismo y el utilitarismo, además de admirador y colaborador de Jeremy Bentham[4]. El grupo de extranjeros se completaba con el griego Andreas Louriotis, que había sido enviado a Madrid por el gobierno provisional de Corinto con la misión de obtener ayuda financiera de los constitucionalistas españoles en su lucha independentista frente al imperio otomano en Grecia[5]. Este personaje, entre otras cartas de presentación, portaba una dirigida al mencionado Bowring, figura también muy reconocida en los círculos liberales internacionales.

Pero Louriotis llegaba en el peor momento posible. Durante la reunión, el general Pepe explicó que la Francia de la restauración estaba utilizando intrigas, dinero y poderío militar para aniquilar la libertad de los españoles, y aconsejó a los allí presentes que se preparasen para una intervención francesa en España. Sugirió también que liberasen a las colonias americanas, hiciesen volver a España a sus fuerzas expedicionarias, y colaborasen con Lafayette para derrocar a Luis XVIII. Según indica en sus memorias, Pepe detectó una gran

---

[2] *Memorie del Generale Gulielmo Pepe*, 2 vols. (París: Baudry, 1847) 2: 115.

[3] Véase Agustín Coletes Blanco y Alicia Laspra Rodríguez, *Romántico país: Poesía inglesa del Trienio Liberal* (Salamanca: Universidad, 2019) 208-9.

[4] Véase Edward Blaquiere, *An Historical Review of the Spanish Revolution Including Some Account of Religion, Manners, and Literature in Spain* (Londres: Whittaker, 1822) 281-349.

[5] Véase, para más detalles, Eva Latorre Broto, "Las relaciones diplomáticas entre la España liberal y la Grecia insurrecta: la misión de Andreas Louriotis en Madrid (1822)", *Byzantion Nea Hellás* 34 (2015): 219-57.

rivalidad interna entre los españoles que participaban en la reunión, y no consiguió que se pusieran de acuerdo. La mayoría de ellos, añade, refutaron sus argumentos, y algunos aseguraron que en España no se aceptaría la liberación de la América española, ni tampoco la idea de derrocar al rey francés. En palabras del general, los españoles tenían 'demasiado orgullo y carecían de agudeza política'[6].

Aunque españoles y griegos compartían los mismos principios políticos, los primeros se enfrentaban, en efecto, a una seria amenaza de invasión francesa y no estaban en condiciones de emprender una campaña de captación de fondos, ni disponían de recursos políticos para colaborar con la Grecia revolucionaria. Sin embargo, los representantes griegos sí se beneficiarían pronto de esa reunión puesto que tuvieron la oportunidad de comprometer con su causa a Blaquiere y a Bowring. En efecto, a principios de 1823 se reúnen de nuevo, esta vez en Londres, Louriotis, Blaquiere y Bowring, consiguiendo el apoyo de la facción radical del partido *Whig*, en la que destacaban Bentham y John Cam Hobhouse, el gran amigo de Byron. Una de las primeras actividades del comité londinense estuvo relacionada precisamente con el traspaso a los griegos de los fondos que Bowring y Blaquiere habían conseguido con el fin de crear un "Comité Español" que, finalmente, no había llegado a formalizarse. Curiosamente la iniciativa en favor de Grecia tuvo mucho que ver con la decisión de Byron de acudir en ayuda de ese país, en lugar de volver a España como había considerado seriamente[7].

Sin embargo, la reunión no sería capaz de inspirar estrategias a los españoles para enfrentarse a lo que se estaba fraguando en Italia: por esas mismas fechas se desarrollaban en Verona las negociaciones de los representantes de las potencias conservadoras europeas (la Santa Alianza), reunidos precisamente con la finalidad de poner freno al liberalismo en general y, de un modo especial, en España. La Europa conservadora se reunía en apariencia con el fin de neutralizar cualquier tipo de movimiento que pusiera en peligro esa paz que había tardado tanto en llegar; pero la verdadera intención era sancionar la intervención francesa en España y facilitar la recuperación del poder absoluto por Fernando VII. De todos los participantes en el congreso de Verona, Wellington, en representación del Reino Unido, fue el único que ni aceptó la decisión de intervenir en España ni la consideró oportuna[8].

Pero la suerte estaba echada. Se produjo la temida invasión de los Cien Mil Hijos de San Luis con el apoyo y participación de abundantes elementos absolutistas españoles, y tan vertiginoso como el ascenso fue la caída del régimen liberal, de su héroe Riego, y de todo lo que representaban ambos. Los

---

[6] *Memorie del Generale Gulielmo Pepe* 116. Véase al respecto el completo estudio *Richard Stites, The Four Horsemen. Riding to Liberty in Post-Napoleonic Europe, Oxford: OUP*, 2014.

[7] Roderick Beaton, "'The Lightening of the Nations': Byron, the Shelleys and Spain', *Romanticism, Reaction and Revolution. British Views on Spain, 1814-1823*, eds. Bernard Beatty y Alicia Laspra Rodríguez (Oxford: Peter Lang, 2019) 123-24.

[8] Wellington papers, General Correspondence 1790- December 1832. Letters from the Duke. Wellington a Canning. 21 marzo 1823.

dramáticos acontecimientos que se desarrollaron en España entre primeros de abril, con la entrada de los invasores, y primeros de octubre, con la 'liberación' de Fernando VII y la rendición de Cádiz, se sucedieron vertiginosamente y cambiaron el curso de la historia. No hay más que recordar el Real Decreto de 1 de octubre que, por boca de un monarca que habla en primera persona, culpa a la "democrática Constitución de Cádiz" de todos los males propios y ajenos:

> Bien públicos y notorios fueron a todos mis vasallos los escandalosos sucesos que precedieron, acompañaron y siguieron al establecimiento de la democrática Constitución de Cádiz en el mes de marzo de 1820: la más criminal traición, la más vergonzosa cobardía, el desacato más horrendo a mi Real Persona, y la violencia más inevitable, fueron los elementos empleados para variar esencialmente el gobierno paternal de mis reinos en un código democrático, origen fecundo de desastres y desgracias. Gobernados tiránicamente, en virtud y a nombre de la constitución, y espiados traidoramente hasta en sus mismos aposentos, no les era posible reclamar el orden, ni la justicia, ni podían tampoco conformarse con leyes establecidas por la cobardía y la traición, sostenidas por la violencia y productoras del desorden más espantoso, de la anarquía más desoladora, y de la indigencia universal"[9].

El uso reiterado e hiperbólico, en unas pocas líneas, de abundantes adjetivos calificativos en grado superlativo –"la más criminal traición", "la más vergonzosa cobardía", "el desacato más horrendo", "la violencia más inevitable", "[el] desorden más espantoso", "la anarquía más desoladora"– habla por sí solo. El régimen constitucional era ya historia, y a su mentor y defensor le quedaba un mes de vida.

Riego, en efecto, fue ajusticiado el 7 de noviembre, tras un interminable y degradante calvario. El trato de que fue objeto, primero durante su cautiverio y finalmente el día en que fue ahorcado, se caracteriza por su despiadada crueldad y espíritu degradante. Maniatado, sentado en un serón y despojado de su uniforme, fue arrastrado por un asno a lo largo de las calles de Madrid, en medio de los insultos y abucheos del mismo pueblo que poco antes le había vitoreado, hasta la Plaza de la Cebada, donde le esperaba el cadalso[10]. La forma vil en que se le dio muerte tuvo un impacto internacional inusitado y actuó, entre otras cosas, como instrumento de inspiración poética. Consecuentemente, se generó un aluvión de composiciones obra tanto de poetas consagrados como de personajes anónimos que quisieron homenajear al mártir del liberalismo. En ese momento, la poesía que podría llamarse 'política' desempeñaba una función importante como instrumento divulgador de la actualidad. Estos poemas se publicaban tanto en periódicos como en revistas, medios de difusión que garantizaban cierta rapidez en la transmisión de las noticias y del impacto

---

[9] *Gazeta de Madrid*, 7 octubre 1823 (extracto).
[10] Véase, entre otras muchas fuentes –no siempre coincidentes en los detalles— el libro clásico de Eugenia Astur (Enriqueta G. Infanzón), *Riego (Estudio histórico-político de la revolución del año 20)* (1933; Oviedo: Consejería de Educación, 1984) 509-22.

de las mismas. Brevemente se repasarán aquí los casos de Alemania, Italia, Francia, Portugal y el Reino Unido[11].

II. Alemania

El mundo germano que asistió a los acontecimientos del Trienio Liberal era un resultado directo del Congreso de Viena y recibía el nombre de Confederación Germánica, un ente nacido en 1815 que resistió hasta 1866. Aglutinaba los territorios de lengua alemana y comprendía los grandes reinos de Prusia y Austria, siete estados de envergadura intermedia, 26 estados pequeños y cuatro ciudades libres. Si bien la lengua alemana actuaba como elemento unificador, había enormes diferencias entre las treinta y nueve entidades, y en este territorio centroeuropeo dominado por Austria y Prusia reinaban el autoritarismo y una férrea censura encargada de vigilar los acontecimientos revolucionarios de España. Uno de los resortes utilizados por los gobernantes para mantener el control de este conglomerado era en efecto la censura, especialmente la censura previa de la prensa. Sin embargo, este freno no pudo evitar la propagación de noticias acerca de la forma en que florecía el liberalismo español y, ya a partir de 1820, España empezaba a proporcionar información interesante a los escritores germanos. A pesar de las dificultades, importantes poetas del Romanticismo alemán como Adelbert von Chamisso, Heinrich Heine y Friedrich Schlegel, además de otros anónimos, escribieron sobre España[12].

Aunque no se pudo publicar hasta 1828 debido a la férrea censura, en 1823, a raíz de la muerte de Riego, Chamisso compuso un poema titulado "Don Raphael's letztes Gebet. Spanisch" ['La última oración de don Rafael'], que reproduce el instante anterior a la ejecución de Riego: el penado, sostiene la voz poética, encomienda su alma a Dios y se arrepiente de sus pecados, mientras camina valiente y orgulloso hacia el cadalso. Es evidente que se está fraguando un mito, un héroe liberal. El poeta crea una atmósfera muy dramática haciendo hablar a Riego en primera persona y dedicando sus últimas palabras al pueblo español, con la esperanza de que no se olvide la lucha por la libertad. Lo que sigue es la traducción al español de la primera mitad del poema[13]:

"La última oración de don Rafael"

Yo, el primero en usar la palabra libertad,
    Que resuena poderosa, he de morir,
    El veredicto ya ha caído sobre mí.

---

[11] En la página web del Proyecto POETRY'15, disponible en https://www.uniovied.es/poetry15/, puede consultarse un total de 720 registros digitalizados (e-fichas y e-textos) de poesías sobre España y el Trienio Liberal compuestas o publicadas entre 1830 y 1823 en inglés, francés, alemán, portugués e italiano, buena parte de las cuales versan directa o indirectamente sobre Riego. En cuanto a poemas en español, véase Gerard Dufour ed., *De ¡Viva Riegooo! a ¡Muera Riego! Antología poética (1820-1823)*, Zaragoza: Universidad, 2019.

[12] Véase Ingrid Cáceres Würsig y Remedios Solano Rodríguez, *Reyes y Pueblos: Poesía Alemana del Trienio Liberal* (Salamanca: Universidad, 2019) 67-100, 157-65 y 257-89 principalmente.

[13] "Don Raphael's letztes Gebet", Cáceres Würsig y Solano Rodríguez 90-91 (original y trad. española).

Miro tu cruz en un amargo
   Momento para subir al cadalso,
   Y rezo: de mí, Señor, ten misericordia.

En la tierra logré alta fama.
   Reconciliado, a ti me encomiendo,
   Las voces del odio y la venganza sofocadas.

Y al que se manche con mi sangre
   ¡Perdónale Señor! Que su infamia
   Te sirva de penitencia; no sabe lo que hace

Quise lo mejor para mi amada patria,
   Fallé, pero tú solo decides –
   Y ella lo ha sentido y ha arrojado las cadenas.

…

La evocación de las palabras formuladas por Jesucristo antes de morir en la cruz que aparece en las estrofas 3 y 4 –'¡Perdónale Señor!' y 'no sabe lo que hace'– aporta un eficaz componente trágico al conjunto.

III. Italia

Por lo que respecta a Italia, se puede sin duda afirmar que el Trienio tuvo un gran impacto en una península itálica en proceso de unificación y que pronto se vio reflejada en los acontecimientos españoles. Durante la mayor parte de ese periodo, la España constitucional se había convertido en un importante destino de acogida para los patriotas liberales exiliados de origen itálico, dado que encontraban en el hispano lo que anhelaban para el suyo propio. Al parecer, los liberales italianos se sentían bien acogidos en España –claro que, en ese momento, era la España del Trienio– y valoraban especialmente la libertad y la ausencia de la opresión a que se veían sometidos en su país de origen. La poesía italiana, a menudo difundida en octavillas para evitar la censura, y también publicada en el Reino Unido y España, sirvió para transmitir los nuevos valores del liberalismo, destacando la aportación de Gabriele Rossetti, primero desde Italia y a continuación desde su exilio inglés. La siguiente obra es una importante muestra no solo de la proyección italiana de la muerte de Riego, sino del internacionalismo del fenómeno:

Este conjunto de ilustración, dedicatoria y poema, especie de exvoto litográfico, es el motivo de contracubierta de una biografía de Riego titulada *Memoirs of the Life of don Rafael del Riego*, escrita en inglés, presuntamente "by a Spanish officer" ['Un oficial español'] no identificado y publicada por W.J. Partridge en Londres y 1823, muy poco después de la ejecución de Riego. De arriba a abajo, figura en primer lugar un grabado, que presenta a Riego de medio cuerpo, vistiendo uniforme de general, sobre un fondo campestre. Al pie del mismo se lee a la izquierda, en italiano, "Fatto dai suoi amici" ['Realizado por sus amigos'], identificándose tres de ellos mediante las iniciales "P.

IL GENERALE RAFAELE DE RIEGO.

ALL'ECCELLENTISSIMA SIGNORA,

GIOVANNA ELISABETTA,

CONTESSA DI OXFORD E MORTIMER.

Tu il cui pensier di libertà grandeggia,
Inclita donna, dell'uom forte accetta
L'afficie in don, che fè tremar la Reggia
Ei Tiranni congiunti a rea vendetta
E poicche il Tago di fellon spesseggia
Cadde, e gli empj saziò vittima eletta
Tu che di patrio amore in seno hai tanto
Il riguarda, e se puoi trattieni il pianto.

Price 3'6ᵈ   Printed by C. Hullmandel.
London, Dec 1823. Pub by R. J. Partridge 4 Royal Arcade Pall Mall.

G.", "G. P." y "R. P." respectivamente. Y a la derecha se da cuenta, ahora en inglés, de la autoría del dibujo: "Sketch by P. Maenza" ['Dibujo de P. Maenza'], lo cual indica el probable origen italiano del artista. Viene a continuación el título, también en italiano, "Il Generale Rafaele de Riego". A continuación, la dedicatoria, en la misma lengua, "All' Eccellentissima Signora Giovanna Elisabetta, Contessa di Oxford e Mortimer": se trata en efecto de Jane Elizabeth Harley, destacada defensora del *Reform Movement* británico y figura bien conocida en la sociedad londinense del momento. Seguidamente figura una breve poesía en italiano, presumiblemente obra de un hablante nativo de dicha lengua, dada la intachable expresión formal de la obra. Son ocho versos en *ottava rima*, que brindan a la 'ínclita' condesa liberal 'la efigie del hombre fuerte' que fue Riego[14]:

'El general Rafael de Riego'

Tú, cuya mente de libertad abunda,
Ínclita mujer, acepta como don la efigie
Del hombre fuerte, que hizo temblar el Reino
Y los Tiranos unidos en pérfida venganza
Y, como el Tajo de felones está lleno,
Cayó, y a los impíos sació víctima elegida,
Tú que de patrio amor en el corazón tienes tanto
Obsérvalo, y, si puedes, contén el llanto.

Finalmente se proporcionan los créditos editoriales, todos ellos en inglés: a la izquierda, precio de venta (3 chelines con 6 peniques) y en el centro y última línea los nombres del impresor (C. Hullmandel) y el editor (W.J. Partidge), ambos de Londres. El hecho de que, además de servir como motivo de contracubierta en una biografía de Riego, el grabado con su dedicatoria y poesía estuviera a la venta como publicación independiente indica el valor icónico del malogrado personaje, sin duda entre ambientes reformistas británicos y del exilio liberal italo-español. Es sorprendente el nivel de internacionalización compartida que transpira en este ejemplo: hablamos de un grabado elaborado por un artista italiano e impreso en Londres que representa a un general español, ilustrado mediante una poesía escrita en italiano y que está dedicado también en italiano a una aristócrata inglesa; todo lo cual sirve a su vez de contraportada para una biografía en inglés sobre el propio Riego escrita, aparentemente, por un oficial español y publicada en Londres.

IV. Portugal

Los poemas portugueses inspirados en Riego reflejan con claridad un marcado efecto de la revolución liberal española y del prestigio de la Constitución

---

[14] Trad. de Vicente González Martín y Mercedes González de Sande, *La Constitución soñada: Poesía italiana del Trienio Liberal* (Salamanca; Universidad, 2019) 549.

de Cádiz, a la vez que denotan la función de la prensa como vehículo de transmisión de un sentir generalizado. Gran cantidad de autores anónimos, poetas populares, y figuras consolidadas como João Baptista de Almeida Garret escriben sobre el Trienio en sentido positivo. También aparecen en Portugal reproducciones –en español con algunos portuguesismos– del himno de Riego, como la incluida en la recopilación titulada *A Musa das Revoluções*, editada por Alberto Pimentel en 1885[15].

Sin embargo, respecto a la elaboración de textos inspirados por Riego y su muerte, predominan en ese país (como en la propia España) los autores que reflejan una mentalidad absolutista, como por ejemplo los firmados por José Daniel Rodrigues da Costa. El soneto titulado "A Prisão de Riego", que se reproduce abajo en traducción española, es un ejemplo significativo. Se trata de un poema cargado de cruel ironía, que se inicia con la típica fórmula de los cuentos infantiles "Érase una vez …" y celebra el encarcelamiento de Riego, al que literalmente compara con una rata:

'La prisión de Riego. Soneto'

Érase una vez un hombre, que quería
Subir a dictador, como un romano.
Fue a su rey hablar, y altivo, y ufano,
Dos fieras propuestas le hacía.

Que abdicase el poder que poseía,
Dejando en libertad al pueblo hispano;
O con el infame nombre de tirano,
La muerte más cruel se le daría.

Ve si no cuando, el tal, de mano armada,
Viendo que el rey no da por la sorpresa,
España aquí, y allí, deja acosada.

¡Pobre Riego! Quedó en gran empresa,
Cual rata de luchar cansada,
De siete gatos, entre las uñas, la presa.

Algo similar transmite a sus lectores este mismo autor con "Ao Monstruo de Espanha. Soneto", poema que comienza con la siguiente pregunta retórica en tono ofensivo: "¿Dime, loco español, Riego infernal, ¿qué mal Fernando VII hízote?", y aprovecha la similitud del apellido de Riego con el del portugués Luís do Rego, quien había impuesto el juramento de la constitución española en Brasil el año 1820, para denostar a ambos al mismo tiempo[16].

---

[15] Véase Gabriela Gândara Terenas y Beatriz Peralta García, *Contadles a los españoles: Poesía portuguesa del Trienio Liberal* (Salamanca: Ediciones Universidad de Salamanca, 2019), esp. 25-87 y 273-96.
[16] Trads. Gândara Terenas y Peralta García 254-57.

V. Francia

La abundante poesía en lengua francesa del Trienio Liberal refleja la evolución de la política gala a la luz de los acontecimientos españoles. En efecto, la revolución española de 1820 provocó en el país vecino un enfrentamiento constante entre contrarrevolucionarios y liberal-republicanos, resuelto a favor de los primeros con la intervención de 1823 en España, que acabaría siendo utilizada para consolidar la Restauración en Francia. Todo ello acapara la atención de Victor Hugo, Casimir Delavigne y otros muchos poetas mayores y menores con simpatías liberal-republicanas, que se afanan en producir un tipo de poesía muy politizada desde el mismo momento en que los Cien Mil Hijos de San Luis se concentran en la frontera española con vistas a la intervención armada. Llegan a producirse incluso canciones sediciosas que lanzan un abierto llamamiento a la deserción, como "Le Cordon Sanitaire" ('El cordón sanitario'), poema de rocambolesca historia y también ejemplo de internacionalismo liberal: obra sin duda de círculos anti realistas franceses en el exilio, y de imposible publicación en Francia, vio la luz en francés en el diario londinense *The Morning Chronicle* de 12 de abril de 1822; en inglés, con el título "The Cordon Sanitaire" y algunos cambios, en la revista radical *The Examiner* de 28 de abril, e incluso en español en varios diarios, incluyendo *El Indicador Catalán* de 30 de abril[17].

Desde las antípodas ideológicas de lo anterior, la fácil campaña y victoria realista en 1823 fue utilizada por cierto número de versificadores galos, a modo de revancha, frente a la derrota napoleónica en la Guerra de la Independencia. Francisco Espoz y Mina, cuya eficacia táctica en ambas crisis no se perdonaba, Antonio Quiroga y el propio Riego eran ahora objeto de burla y sátira, como en la supuestamente graciosa "Campagne d'Espagne ou Bulletin en couplets dédies à l'armée française" ['Campaña de España o Boletín en coplillas dedicadas al ejército francés'], en la que se presenta a un Riego acobardado que lejos de seguir 'la vulgar costumbre' de hacer frente al enemigo aboga por huir 'a Sevilla' cuanto antes[18]. Como complemento de lo anterior, llama la atención el gran número —así como su compartida escasa calidad— de poesías laudatorias que, promovidas desde el poder, inundan Francia en los últimos meses del año, celebrando la 'gran victoria' de los Cien Mil Hijos de San Luis frente a los constitucionalistas españoles y el retorno del recién idolatrado Angulema. Se trataba de crear un nuevo mito, el de la restauración borbónica francesa, y de paso borrar todo vestigio de Napoleón y su fracaso en España. En lo que quizás pueda interpretarse como un gesto de recatada autocensura, no parecen registrarse en la victoriosa Francia realista poesías políticas sobre el infausto final del caudillo liberal español. La más tardía relativa a su figura entre las

---

[17] Véase Cristina Clímaco y Lola Bermúdez Medina, *El llanto de España: Poesía francesa del Trienio Liberal. Estudio crítico y corpus bilingüe anotado* (Salamanca, Universidad, 2019) 150-51 y Agustín Coletes Blanco y Alicia Laspra Rodríguez 202-03.

[18] Clímaco y Bermúdez Medina 404-07.

recogidas por Clímaco y Bermúdez, publicada ya en 1824, lleva por título "Première Castillanne" ['Primera castellana'] y se retrotrae al episodio de la traslación de Fernando VII a Andalucía, con intervención de Riego, de primeros de abril del año anterior[19]:

"Primera castellana"

…
¡Inútiles discursos!
Nada puede detener el curso de este torrente.
Las horribles Cortes como órgano se reúnen,
Las cadenas del Rey cautivo resuenan en nuestros corazones.
El infernal genio de las revoluciones
Levanta su cabeza homicida,
Mientras que Riego con mano parricida,
Maquina el edicto de sus proscripciones.

IV. Gran Bretaña

Finalmente se ofrece algún detalle sobre la recepción en el Reino Unido del trágico final de Riego. El proceso de encarcelamiento y ejecución del caudillo liberal tuvo un fuerte impacto en los ambientes *Whig* y radicales de la sociedad británica; pero no de manera exclusiva, como lo prueba el hecho de que el poema más temprano entre los localizados que dejan testimonio del fenómeno se publicara en un diario conservador. Se trata de "On the Death of Riego" ['Sobre la muerte de Riego'], que ve la luz en *The Morning Post* de 19 de noviembre de 1823, solo doce días después de la ejecución del general español. Se trata de un poema de considerable longitud (64 versos en pareados heroicos) para estar publicado en prensa, y de contenido desgarrado:

'Sobre la muerte de Riego'

Así pues, ya ha acaecido el funesto evento
Que colma el vaso de las desgracias de España;
Sus hijos, domados y envilecidos, con mirada tranquila,
Asintiendo vilmente, ven morir a Riego.

Lleno de melancolía, me parece ver al héroe
Que llevan a enfrentarse a su cruel destino;
Condenado, por un decreto infame y ruin,
A morir colgado del árbol del malvado,
Arrastrado por un asno para provocar la risa,
En soez espectáculo, tan estéril como vil.

…

---

[19] Clímaco y Bermúdez Medina 473-78.

Como puede apreciarse, la voz narrativa no ahorra duros adjetivos para los españoles que han asistido al 'soez espectáculo' de la muerte de Riego. En el resto del poema, tras dar pormenores de la cruel ejecución, no desea en fin sino que Fernando VII se suicide o, en sus propias palabras, dirigiéndose al rey felón, 'que llores en el exilio la esperanza extinguida/Hasta que tu propia mano te aplique el cuchillo, o la soga'[20]. El mismo día, pero desde el polo opuesto del espectro político, el semanario radical *Black Dwarf* rendía su propio homenaje a Riego de una manera peculiar: reproduciendo, bajo el título "Martyrdom of Riego" ['El martirio de Riego'], un cartel que afirma haberse distribuido por Londres[21]:

VII. El martirio de Riego

El siguiente cartel ha sido colgado en distintos puntos de la ciudad. No es necesario añadir aclaración alguna respecto a lo que sugiere su contenido; sin embargo, el único luto adecuado a la caída del héroe sería la sangre de sus asesinos. No es de negro, sino de carmesí, cómo debería vestirse el mundo en honor a Riego.

A renglón seguido reproduce el cartel, titulado "RIEGO" y que en traducción española reza así:

RIEGO

La horrible suerte está echada. ¡El iluminado, el patriota, el virtuoso RIEGO ha caído por la mano de su verdugo!

¡El despotismo ha derramado una sangre que reclamará venganza para los conspiradores tiranos unidos contra la libertad humana!

Estando la libertad fundada en las eternas leyes divinas y en los derechos inherentes del hombre, la justa Providencia que liga y refuerza la unión de los hombres de bien, en el momento oportuno ¡vengará el maldito acto!

Mientras tanto, que los apenados defensores de la libertad –como testimonio de solidaridad con el inmenso dolor de la viuda y la familia de ese noble mártir de su causa, que están ahora en Inglaterra– se vistan de luto riguroso, símbolo externo de lo que pasa por dentro, ¡imposible de expresar con palabras!

Mantengamos el luto durante *treinta y ocho días*, el mismo número de años que vivió el RIEGO sacrificado.

Según se aprecia en la siguiente reproducción del original, el cartel está enmarcado por el grueso borde negro propio de una esquela u obituario:

Cuatro días más tarde destaca el testimonio del corresponsal en España de otro importante semanario radical, *The Examiner*[22]:

---

[20] Coletes Blanco y Laspra Rodríguez 428-29.

[21] *Black Dwarf* 19 noviembre 1823: 708. Véase Agustín Coletes Blanco, "Poems on the Spanish liberal revolution in the British political press", Beatty y Laspra eds. 129-70.

[22] "Foreign Intelligence", *The Examiner* 23 noviembre 2023: 5. Traducción propia.

MARTYRDOM OF RIEGO.

The following placard has been posted in various parts of the metropolis. We need not add our recommendation to the suggestion it contains; though the only proper mourning for the fall of the Hero, would be the blood of his murderers. It is not *black* but *crimson*, that the world should wear for Riego.

RIEGO.

The horrid die is cast. The enlightened, the patriotic, the virtuous RIEGO hath fallen by the unhallowed hand of the executioner!

Despotism hath shed blood, that shall call down vengeance on the conspiring Tyrants leagued against human Liberty!

That Liberty having its foundations in the eternal laws of God and the inherent rights of man, a just Providence, uniting and strengthening the union of good men, will, in its due time, avenge the accursed deed!

Meanwhile, let the sorrowing advocates of freedom, as a testimony of their sympathy in the overwhelming grief of the widow, and the relatives of that noble martyr to their cause, who are now in England, put on deep mourning, as an outward token, of that within, which tongue cannot express!

Let that Mourning continue for *thirty-eight days*, the number of the years that have been granted to the sacrificed RIEGO!

En torno a las 12 el desdichado fue trasladado hasta las puertas de la cárcel, pálido y macilento, dando apenas señales de estar vivo: iba cubierto del cuello a los pies con una túnica blanca ajustada con una cuerda en la cintura. Iba atado de pies y manos y estaba sentado sobre una especie de serón acolchado con una especie de almohadón que le sostenía, arrastrado por un asno, y unos frailes a ambos lados para mantenerle erguido. Portaba en la mano una estampa de la crucifixión. Le precedían unos pocos soldados a caballo, los guardianes y los carceleros. Una imagen de Cristo en la cruz, el asno que tiraba del serón, algunos curas y frailes, y una escolta de Caballería completaban la comitiva. En las calles y los balcones –con escasas excepciones– se hallaba una multitud de personas presenciando el espectáculo. La excepción se reducía a las viviendas (que eran las mejores) cuyos propietarios o inquilinos habían sido amigos de Riego. Predominaba el silencio. Apenas se le veía, ya que inclinaba la cabeza, excepto una o dos veces cuando alzó la mirada hacia el fraile que le iba hablando.

La descripción a continuación ofrece de la escena con el reo ya en el cadalso es, si cabe, más aterradora:

Al llegar al pie del cadalso le levantaron y sentaron en el primer escalón, donde se confesó. A continuación, le subieron escalera arriba, casi hasta el final, y, mientras el verdugo le ajustaba la soga al cuello, el sacerdote se dirigió a los de su entorno deseando para él el perdón de aquellos a quienes hubiese podido ofender, al igual que él perdonaba a sus enemigos. El Credo come entonces y, al llegar a las palabras de Jesucristo, fue lanzado hacia abajo, y aquí tuvo lugar el más bárbaro espectáculo, aun siendo un acto de humanidad para el reo. Había dos hombres por debajo del cadalso para tirar por las piernas, de modo que la sensación de dolor fuese solo momentánea. El verdugo saltó y se sentó sobre sus hombros, presionando hacia abajo varias veces y cubriéndole la cara con un pañuelo, que retiraba a continuación y agitaba a modo de triunfo brutal, indicando a la gente que gritase: "¡Viva el Rey!".
Sin embargo, de entre los miles de personas allí presentes, sola mente unos cientos lo hicieron, y solo unos pocos lo repitieron una segunda vez. Un salvaje de entre la multitud pegó un puñetazo al cuerpo. Fue la última ofensa que se le hizo. Al atardecer, le trasladaron a la iglesia más cercana, y por la noche le enterraron en el cementerio los "Hermanos de Caridad y Paz", una institución creada para actuaciones de esta naturaleza, que cubre todos los gastos cuando las colectas son insuficientes.

El reportaje se aleja de las idealizaciones de Chamisso vistas más arriba, y es mucho más fiel a los tremendos hechos reales. Concluye el asombrado y compungido corresponsal:

¡Vaya contraste! La contemplación de este hombre cuando en 1820 desfilaba triunfal por las calles de Madrid –siendo aclamado por todas partes y recibiendo lluvias de flores desde todas las ventanas, y a continuación siendo honrado en todos los periódicos públicoscon la apelación de "héroe" e "inmortal" y, en ocasiones, por parte del pueblo las delas de "Santísimo" y "Emperador"– y ahora arrastrado ignominiosamente, a través de la suciedad del patíbulo como el más miserable malhechor, sin el consuelo de un solo amigo!

Ya a comienzos del nuevo año otro importante semanario radical, *The Republican*, publica su propio homenaje en verso "To the Memory of Riego" ['En memoria de Riego'], una composición en 10 cuartetos que refleja el fin de una época y el comienzo de otra. Dirigiéndose a Riego, la voz poética empieza recordando cómo desde una tierra de 'cobardes' el héroe se ha ido 'a la casa de quienes son libres'. A continuación, evoca los tiempos en que 'el criminal' Fernando VII imploraba la misma misericordia que siempre negara a Riego, para lamentarse seguidamente de que el caudillo liberal le hubiera permitido seguir viviendo. Pero, como bien añade, los reyes indignos acaban 'castigando la debilidad de la clemencia', exactamente lo que había pasado con Riego y seguiría pasando con otros muchos liberales durante los meses y años subsiguientes. Finaliza con una alusión a la 'triste viuda' de Riego, cuyo consuelo será que el pueblo inglés honrará la memoria de su marido:

'En memoria de Riego'

Desde la tierra asolada por esclavos criminales y cobardes
Te has ido a la casa de quienes son libres;
Y la libertad llora sobre tu tumba con esas lágrimas
Que solo vierte por mártires como tú.

Cuando tu espada brilló con la luz pura de la victoria
E hizo humillarse a los tiranos y su tenebroso orgullo,
No en vano el criminal coronado imploraba
Esa misma misericordia que él siempre negara.

…

¡Riego! Si algo te echamos en cara
Es que se permitiera seguir viviendo a los buitres
Que rasgaron las fibras del corazón de la libertad,
Y que ahora bañan de nuevo sus garras en sangre.

…

Cuando los héroes de la libertad triunfen de nuevo,
Se fijarán en lo que enseña tu historia:
Que los reyes que demuestran ser indignos de reinar
Acababan castigando la debilidad de la clemencia.

!Y tú, que quedas para llorar su destino,
Triste viuda! Tu consuelo será
Que el pueblo libre de Inglaterra honrará su tumba,
¡Y será deudo de la virtud contigo!

En efecto, entre los ya centenares de exiliados españoles en Londres se encontraban la viuda de Rafael, María Teresa, y su hermano Miguel, canónigo. Los cuidados de su cuñado no impidieron que la joven, sobrina de ambos, falleciera el 19 de junio de 1824; es decir, a los cinco meses de haberse aludido a ella en este poema. Desaparecida la España constitucional, el escenario liberal español se traslada ahora a diversos países de acogida, entre los que destaca Gran Bretaña. Se cerraba así un capítulo histórico y se abría otro. Los movimientos constitucionalistas meridionales de 1820-1823 habían quedado borrados del mapa de Europa; pero paradójicamente el internacionalismo liberal resultaba reforzado desde el exilio, y a la larga triunfaría, al menos en una serie de casos importantes, incluyendo Francia y ambos estados de la Península Ibérica. En 1834 el Reino Unido y Francia, junto con Portugal y España, suscribirían la Cuádruple Alianza, un tratado internacional para la defensa de los modelos liberales que defendían, entonces, sus respectivos gobiernos[23]. Algo impensable diez años atrás. Riego había triunfado.

---

[23] Es el punto de arranque del Proyecto EURICAR'20, relativo a las proyecciones culturales de la I Guerra Carlista en el Reino Unido, Francia y Portugal. Véase https://www.unioviedo.es/euricar20/

EL TRIENIO EN GALDÓS

Antonio Jiménez-Blanco Carrillo de Albornoz
Catedrático de Derecho Administrativo y
Letrado de las Cortes Generales

I. Introducción

No hace falta recordar en qué consiste el período de la historia de España que conocemos como el Trienio Liberal (TL) o simplemente el Trienio: entre marzo de 1820 y octubre de 1823. Su inicio constituyó uno de los tres momentos "gloriosos" –tres *gritos*– del siglo XIX:

- 2 de mayo de 1808, contra la invasión napoleónica (y la tolerancia de los reyes y la Corte). Se inicia un movimiento (en rigor, una guerra civil) que cristalizaría en la Constitución de Cádiz el 19 de marzo de 1812. Con final (infeliz) en 1814.
- 1 de enero de 1820, pronunciamiento de Rafael del Riego en Cabezas de San Juan contra el absolutismo de Fernando y en favor de dicha Constitución, con triunfo también en marzo.
- 19 a 28 de septiembre de 1868, "la gloriosa", contra Isabel II. "Jamás, jamás, jamás" (Prim).

Pero, ojo, lo que abrieron fue sólo tres paréntesis. Dicho de manera dramática, se trató de otros tantos fiascos o gatillazos:

- El primero duró seis años, cuando, al volver de Francia Fernando VII, por el Tratado de Valençay, dictó –tras el manifiesto de los persas– el famoso Decreto de 4 de mayo de 1814.
- El TL se extendió sólo durante tres años (y un poco más), con ocasión de otra invasión miliar desde Francia, aunque ahora reaccionaria, la de los Cien Mil Hijos de San Luis. Con Luis XVIII de impulsor y Chateaubriand de ideólogo.
- El tercero abrió el llamado sexenio revolucionario (SR), que concluyó el 2 de enero de 1874 cuando Pavía asaltó el Congreso de los Diputados. Con o sin caballo.

Tres fiascos, sí, tres desengaños, que en buena manera explican la resignación con la que la sociedad, o la mayoría de ella, aceptó las evidentes imperfecciones de los regímenes políticos que vinieron a continuación:

- El absolutismo de Fernando VII en el período 1814-1820.
- La década ominosa (1823-1833) y, ya con Isabel II, lo que Valle Inclán llamó "la corte de los milagros" (1833-1868).

– La restauración (1876-1923).

Por supuesto que no estoy poniendo esos tres períodos en el mismo plano, porque cada uno de ellos fue menos malo que el anterior.

Resignación, sí, pero también –de la vida forman parte las contradicciones– mitificación o idealización (y no sólo en España):

– De la Constitución de Cádiz.

– De la persona de Rafael del Riego.

– De la república (la primera) y del federalismo.

II. Notas sobre Galdós

Galdós (Benito Pérez Galdós, BPG) fue el gran narrador (o "relator") del siglo XIX. Para empezar, por su extraordinaria perspicacia como observador: fue un gran psicólogo (sobre todo, de la mujer: Tristana, Tormento, La de Bringas, Doña perfecta, Fortunata, Jacinta …) y también un gran sociólogo. Sus biógrafos así lo han reconocido: Ortiz Armengol y Arencibia. Dos grandes libros, por cierto.

Y, segundo, por su éxito comercial. De hecho, la imagen que todos tenemos del siglo XIX es la que él nos ha transmitido en sus novelas históricas: la de un progresista (no era neutral) y también la de un hombre desengañado.

BPG nació en 1843 y su primera novela, *La Fortuna de Oro*, se publicó en 1870, es decir, con 27 años, aunque probablemente escrita (en la primera versión; hubo dos) con anterioridad. Los Episodios Nacionales (EENN) de la Segunda Serie –los que se ocupan del TL– fueron escritos y publicados en 1876 ó 1877, o sea, al inicio de la restauración, recién terminado el SR. Es decir:

– No vivió el TL.

– Cuando escribió sobre él, lo hizo con los ojos de quien acababa de vivir y sufrir el fiasco del SR.

Probablemente eso explica su visión poco entusiasta y desde luego nada idealizada del TL y de la persona de Rafael del Riego.

El protagonismo es de Salvador de Monsalud (que reemplaza a Gabriel Araceli), "nombre lo suficientemente significativo para indicar que él es *salvación* y *salud* para la sociedad española, que ha de experimentar una profunda renovación" (Ortiz Armengol, pág. 285). Y añade: "De las ideas generales está bastante seguro este hombre que vive en un país que acaba de salir de una revolución que nació con buenas intenciones y acabó –gracias a las tendencias desencadenantes– en algo muy próximo al caos, y que ahora emprende –con una dinastía que ha sufrido una dura lección y mucho ha aprendido en ella– un nuevo camino para recuperar decenios de atraso". Se refiere obviamente al inicio del reinado de Alfonso XII.

Debemos decir que el cuadro general que ofrece BPG del TL es el siguiente, en seis puntos, y muy objetivo (lo que merece aplauso):

1) Enorme fragmentación de la opinión pública (escrita), que iba mucho más allá de la polaridad liberales/absolutistas, serviles o realistas.

2) Dentro de cada uno de esos dos grupos (que no llegaban a ser partidos) había a su vez grandes divisiones. En los liberales, desde luego, moderados/exaltados. Y sin olvidarse que en los primeros había personas –"anilleros"– muy cercanas a los absolutistas más templados. Pienso en mi paisano Francisco Martínez de la Rosa, "Rosita la pastelera", dicho con tono nada amable. El del "plan de Cámaras": crear como contrapeso un Senado aristocrático o al menos estamental. Con mucha gente con capacidad de adaptación al medio.

3) Fragmentación también de las sociedades secretas: Masonería/Comuneros.

4) Como consecuencia de ello, enorme debilidad de los sucesivos gobiernos, que eran conscientes de la fuerza de los realistas (liderados por el propio Rey) y nunca se creyeron la leyenda –que sin embargo ellos mismos propagaban– del "rey bueno pero rodeado de malos".

5) Arco temporal a considerar, mucho más amplio, retrotrayéndose con frecuencia hasta Cádiz y los "doceañistas", varios de los cuales siguieron teniendo protagonismo en el TL –y estuvieron en el Gobierno los dos primeros años del mismo, hasta marzo de 1822–, en particular un asturiano de pro, como Agustín Arguelles.

Al absolutismo fernandino dedicó BPG el EN llamado "Memorias de un cortesano de 1815", escrito en octubre de 1875. El tal cortesano, Don Juan Bragas de Pipaón, llega incluso a autoinculparse, lo cual se explica por la pésima opinión de BPG sobre aquélla época, sin duda la peor de todas las posibles y vividas. En el Capítulo XXII, el autor incluso se plantea admitir que en 1814 Fernando VII no aceptase la Constitución de Cádiz –por prematura–, pero habría podido y debido aceptar el principio liberal. Lejos de ello, optó por la crueldad y la ignorancia, en unos términos que "no tienen ejemplo en Europa". Y eso le sirve para el juicio (tampoco amable) del período 1820-1823: los liberales triunfantes no traían la ley como en Cádiz; lo que portaban era la venganza, tras las persecuciones sufridas. "Continuaba el vicio, la corrupción, la crueldad", pero lo vivido entre 1814 y 1820 había sido tan malo que "la crueldad, ambición, rapacidad, venganza, imprudencia y dosis no pequeñas de tontería" –calificativos nada amables– de los hombres del TL pudieron ser grandes, pero el cotejo con 1814-1820 siempre les terminará siendo favorable.

6) No visión de España como isla. Antes, al contrario, incardinación en la Europa de los Congresos de Viena (1815) y Verona (1822).

Estábamos, en suma, en época reaccionaria de la resaca de la Revolución francesa y de las invasiones napoleónicas. Pero, como toda resaca, dio lugar a una suerte de contraresaca (o sea, reacción contra la reacción), de la que –por una vez– España fue avanzadilla, porque en 1820 aún quedaban diez años para que en Francia se desatara la revolución de julio, que se llevó por delante a Carlos X. De hecho, en Nápoles y en el Piamonte se sumaron a la revolución *española*, aunque allí también la aventura duró poco, porque Austria seguía estando en manos de Metternich y sus discípulos.

¿Fuente mayor y con carácter general de esa Segunda Serie y del TL? La *Historia general de España* que Modesto Lafuente había ido publicando en 29 volúmenes entre 1850 y 1867. Pero también la historia del reinado de Fernando VII atribuida a Estanislao de Kotska Bayo. Y por supuesto los escritos de Larra, Miñano, Gallardo, Quintana y otros, que estuvieron –ellos sí– muy próximos a los sucesos.

Hasta aquí, lo que BPG recoge y en lo que se inspira. Pero hay datos en los que no se fija (y sinceramente se echa en falta):

– La España rural. Los campesinos como mayoría social. La excepción son las ciudades.

Los errores del TL hacia ellos, en particular en política fiscal: sustitución del diezmo (en especie) por tributos en metálico, lo que les pesó mucho.

La desvinculación y la desamortización no les acabarían beneficiando nada.

– Los púlpitos como "opinionmakers". Clave, junto a lo anterior, en el hecho de que en 1823 la invasión militar francesa apenas encontrara resistencia.

– La "cuestión americana".

– Tampoco reformas prusianas de 1807-1819. A mi juicio, una referencia indispensable dentro de Europa.

Aparte de eso, añado yo que debe tenerse en cuenta que hace 150 años el TL no se conocía tan bien como hoy, gracias sobre todo a Emilio La Parra (y otros).

Dicho ello, vayamos ya a cada una de las obras concretas. Cita por Alianza.

III. Una primera obra singular: *La fontana de oro*

Su tiempo histórico es del TL: 1820-1823. Y el nombre lo toma de un café y fonda que se ubicaba cerca de la Puerta del Sol.

Los protagonistas son dos jóvenes de Ateca (Zaragoza), llamados Lázaro y Clara, que se encuentran sometidos a un conspirador, "Coletilla". También nos encontramos con un joven militar, Claudio Bozmediano, trasunto de Antonio Alcalá Galiano.

Yolanda Arencibia (página 128): "Es una novela moderna y ágil, de diálogos abundantes y bien construidos, de aciertos descriptivos. Por su contexto y su propósito es una novela histórica; por su fondo de crítica contemporánea, es una novela social; por la claridad realista de su recorrido, es una novela urbana madrileña; por el acierto y la perspicacia de los caracteres, una novela psicológica (destaca en hondura el conflicto interno de la *santa*, doña Paulita Porreño); por los significados profundos que encierra, es una novela simbólica; por fin, contiene una interesante carga crítica poético-literaria, tan del interés del momento creador, en la creación del *estudiantillo* que inventa la tragedia de los Gracos *nacido en una época funesta para las letras*".

Mereció elogios del propio Alcalá Galiano, así como de Gaspar Núñez de Arce y de Francisco Giner de los Ríos, según relata en págs. 128 y 129 la misma Arencibia.

IV. Al final de la última guerra carlista: *La segunda casaca*

Redactada en enero y febrero de 1876, coincidiendo con los éxitos militares de Alfonso XII al poner fin a la tercera y última guerra carlista.

Es la continuación de las *Memorias* (ficticias) del cortesano desaprensivo de 1815.

Ortiz Armengol, pág. 289 y 290: BPG relata su cambio de chaqueta ("casaca"), que "de fernandino absolutista evolucionó hacia el liberalismo en 1819, cuando percibe que llegan vientos constitucionales".

<<El relato es vivo, eficaz; acude directamente a los escenarios más convenientes: las antesalas de palacio, los calabozos de la ya mal parada Inquisición, el club revolucionario, la algarada callejera de los personajes se une el gran cinismo del cortesano que preside esta novela: "fui absolutista en su momento, y liberal en el suyo, como ha de ser">>.

V. El Grande Oriente

El foco se pone en Matías Vinuesa, originario de Neila (Burgos), "el cura de Tamajón", por cierto, pequeño pueblo de Guadalajara. En los inicios del TL concibió un plan para restaurar el absolutismo, consistente en secuestrar en el Palacio Real a los gobernantes –los siete Secretarios del Despacho y otras autoridades– para que determinadas personas (el infante Don Carlos, el Duque infantado y el Marqués de Castelar) sublevasen a la Guardia Real y otros regimientos y se alzara un motín popular al grito de "Viva la religión, el Rey y la Patria" y "Muera la Constitución". Se trataba en esencia de hacer –con el rey en el ajo desde el primer momento– que "las cosas volviesen al ser y estado que tenían el 6 de marzo de 1820". Y por supuesto con una dura venganza y represión:

> "Se tomarán todas las medidas convenientes para que no salgan de la nación los liberales, de los cuales se harán tres clases:
> –los de primera deberán sufrir la pena capital como reos de esa majestad;
> –los de segunda serán desterrados o condenados a castillos y conventos;
> –los de la tercera serán indultados para mezclar la justicia con la indulgencia y clemencia.
> Puesto que los comerciantes han sido los principales en promover las ideas de la facción democrática, se les podrá obligar a que entreguen algunos millones por la vía del impuesto forzoso.
> Lo mismo deberá hacerse con los impresores y libreros por las ganancias extraordinarias que han tenido en este tiempo".

Obsérvese la fijación con oficios tan concretos y típicamente urbanos como los comerciantes, los impresores y los libreros.

En una sociedad de espías –policial, diríamos hoy–, sucedió que fue precisamente un aprendiz de la imprenta de las proclamas quien delató al tal Vinuesa, que fue detenido el 21 de enero de 1821, con Martínez de la Rosa (o sea, los moderados) en lo que entonces se llamaba el Ministerio. A partir de ahí, las dos facciones liberales no desaprovecharon la ocasión –una más– para exhibir sus discrepancias. Los exaltados (ya constituidos como comuneros y que se reunían en cafés como La fontana de oro), reclamaban la pena de muerte.

El prisionero estaba en la cárcel de la Corona, sita en la calle de la Cabeza. Y el 4 de mayo, séptimo aniversario del infausto Decreto de 1814, se tuvo conocimiento público de que se había dictado una Sentencia que muchos juzgaron benevolente: diez años de prisión en África. A partir de ahí, se desató una reacción popular de ira y el Gobierno –punto crucial– no hizo nada por reforzar la vigilancia de la prisión. Más aún: cuando los rebeldes entraron en ella, todas las puertas se encontraban abiertas, de manera que no tuvieron problema de llegar a la celda de Vinuesa. Y, sin más preámbulos, lo mataron con dos martillazos que le abrieron el cráneo. El periódico "El Zurriago" lo celebró con la siguiente canción, titulada "El martillo":

> "¡qué martillito tan bonito!
> ¡qué medicina sin igual!
> tú harás cesar todos los males
> como te sepan manejar
> una varita de virtudes
> es el martillo sin dudar
> un gorro armado del martillo
> al firmamento hace temblar
> con el martillo se endereza
> al que se llega a ladear
> al que se aparta de la senda
> y al que se quiera extraviar
> Cuando pretenden los malvados
> el despotismo entronizar
> este martillo puede solo
> perpetuar la libertad".

Las consecuencias de esas cosas son las de siempre: Vinuesa se convirtió en un mártir y el Gobierno –que aseguró sentirse desbordado por los dos flancos y no tuvo otra ocurrencia que anunciar una investigación: o sea, como se dice y se hace ahora– quedó desautorizado. Emilio La Parra: "El suceso afectó a la credibilidad del régimen constitucional, tanto por su crueldad como porque el Gobierno no fue capaz de garantizar la seguridad de un prisionero sometido a un procedimiento judicial. Mucho tuvo que ver, asimismo, la condición de clérigo de Vinuesa y su proximidad al rey".

BPG lo explica con ironía en el Capítulo XXVI:

"Lavaban los asesinos el martillo en la fuente de relatores, cuando el Gobierno resolvió desplegar la mayor energía. ¡Qué sería de esta nación si la Providencia no le deparase en ocasiones críticas el tutelar beneficio del Gobierno!

La noticia del crimen corrió por Madrid, y la villa, que es y ha sido siempre una villa honrada, se estremeció de espanto y piedad.

El Gobierno se estremecía también, y declaraba con patriótico celo que no descansaría hasta castigar a los culpables.

Para que nadie tuviera duda de su gran entendimiento y perspicacia política, mandó que inmediatamente se pusiera fuera del ejército en el edificio, y por si alguien tenía dudas todavía de su diligente y paternal actividad, ordenó que al instante, sin pérdida de un momento, *se instruyesen las oportunas diligencias*. Quejarse de un Gobierno así es quejarse de vicio".

Pero en el libro hay muchas más perlas. Aparte de Monsalud, otros protagonistas –caricaturizados– son Patricio Sarmiento (un maestro de observancia comunera, o sea, un exaltado) y Urbano Gil de la Cuadra, otrora afrancesado y ahora absolutista (servil, un infame *persa*: pág. 34). BPG encarna en ellos lo ridículo de los correspondientes estereotipos: no queda títere con cabeza (y, desde luego, menos que nadie la logia que da nombre a la novela, la que había sido fundada en 1760 por el conde de Aranda, que se dice pronto).

Y también:

– Sobre la ley de monacales y reforma de regulares, que el Rey intentó vetar (alegando problemas de conciencia) pero que se terminó aprobando en octubre de 1820. En boca de Patricio Sarmiento (páginas 19):

"Vea usted, señor don Salvador, qué poco aprenden los reyes. Como los chicos, no entienden sino a palos. Yo digo que la Constitución con sangre entra. En octubre del año pasado, cuando Su Majestad no quería sancionar la reforma de monacales, por investigación de don Víctor Sáez y del embajadorcillo de Su Majestad, el pueblo amenazó con una revolución, y Fernando no tuvo otro remedio que sancionar".

Y, sobre lo sucedido el 21 de noviembre en Madrid, cuando el Rey volvió de El Escorial:

"En vez de vítores y palmadas, galardón propio de los sabios monarcas, Fernando oyó gritos rencorosos, mueras furibundos, amenazas, dicterios; (…) No ha presenciado Madrid una escena tan imponente. Allí era de ver el pueblo ejerciendo el soberano atributo de amonestación; allí era de oír el *Trágala*, cantado por los elegantes mozos del Rastro".

– Monsalud, sobre la invitación de Sarmiento a incorporarse a los cafés patrióticos (página 21):

"Antes me dejaré matar (…) que contribuir a este desorden y figurar en una sociedad que es un hormiguero de intrigantes, una agencia de destinos, un centro de corrupción e informes compadrazgos, una hermandad de pedigüeños …".

– Sobre Riego, en boca de nuevo de Patricio Sarmiento (páginas 28 y 29):

"¡Inmensa figura que se alza sobre el suelo de la Patria, y con su majestuosa cabeza toca las nubes! ¿Riego, sol refulgente que todo lo inunda con su luz! ¿A quien sino a él se debe la libertad que gozamos? ¿A quien sino a él debe España el haberse puesto por montera del mundo y el estar por encima de todas las naciones?

"(…) conozco pocos varones de la Antigüedad (y ahí está Plutarco que lo certifique), sí, conozco pocos que se igualen a este atrevido comandante, que desafió al absolutismo, a toda la Europa, señores; a la Santa Alianza, a los Borbones todos, a los serviles todos (…)".

Sucedía además que, durante el TL, a Riego no se le dispensó un trato especialmente favorable, porque se le mantuvo fuera de la Corte. Primero, se le envió a Asturias. Luego, en enero de 1821 se le nombró Capitán General de Aragón, pero se le destituyó en septiembre, con orden de traslado a Lérida. Y Sarmiento lo comenta escandalizado (página 30):

"Ni aun en la jerarquía militar ha tenido la elevación a que es acreedor. Él era comandante: le plantaron en mariscal de campo (…) usted tenga presente cómo recompensó Inglaterra a Lord *Vellintón* después de la campañita aquélla en que derrotó a Bonaparte. Así se premian los grandes servicios, no con estas mezquindades de aquí".

VI. El 7 de julio

El año 1822 no empezó con buenos augurios. El 1 de marzo se celebró la apertura de las Cortes –las resultantes de las segundas elecciones del trienio y que habían ganado los exaltados–, en sesión presidida por el mismísimo Rafael del Riego. El rey, en su discurso, hizo una referencia a la posibilidad de una guerra exterior. La réplica de Riego no decepcionó, al referirse a "las difíciles circunstancias que nos rodean" y a "las maquinaciones repetidas de los enemigos de la libertad", para terminar afirmando que "el poder y grandeza de un monarca consiste únicamente en el exacto cumplimiento de las leyes". Las espadas estaban en alto y cada vez se ocultaban menos.

A finales de junio –con Martínez de la Rosa todavía como Presidente–, se sublevó la Guardia Real, lo que casi coincidió en el tiempo con la toma de Seo de Urgel por los partidos realistas, operaciones que Fernando dirigía desde su residencia, ahora en Aranjuez.

El choque en Madrid (con la Milicia Nacional como fuerza de contención de la Guardia Real) se saldó el 7 de julio con el triunfo de los primeros y el Gobierno, una vez más, fuera de juego. El héroe fue el General Evaristo San Miguel, gijonés de pro. De hecho, en la ciudad sigue habiendo una calle –pequeña, entre la Plaza Mayor y la calle del mismo nombre– que lleva ese nombre.

El Rey, con gran cinismo, felicitó a los vencedores.

Juan Francisco Fuentes: "El fracaso del golpe de Estado de 7 de julio de 1822 marca un antes y un después en la historia del TL: tras aquella jornada el poder pasó de los moderados a los exaltados. Pero el cambio de ciclo que supuso el golpe del 7 de julio no se agota en este hecho. Los enemigos del liberalismo tomaron buena nota de la incapacidad del absolutismo español para derrocar por sus propios medios al régimen constitucional. Ese análisis del fracaso del golpe hizo que a partir de entonces casi toda la presión sobre el régimen viniera del exterior, donde el liberalismo español contaba con viejos enemigos".

Pero eso no significa que el foro interno estuviera pacificado, porque en Urgel se había constituido una suerte de gobierno paralelo, la "Regencia", que –mientras pudo– sirvió como foco de resistencia.

BNP: Aparece un nuevo personaje, Don Benigno Cordero, comerciante de encajes en la propia Plaza Mayor, que, pese a sus carencias intelectuales ("*ignoraba todo lo ignorable*": pág. 76), se vio transformado en un verdadero héroe. En cierta medida sustituye a Patricio Sarmiento, ya en claro declive mental. Y se recupera a Gil de Cuadra. Página 40, inicio del Capítulo cinco:

> "Después de arrastrar miserable vida durante todo el año 21 en un lugar del camino de Francia, don Urbano Gil de la Cuadra pudo volver a la Corte, tolerado, si no perdonado, por la Policía. Amparole para esto un generoso desconocido a quien él creía compatriota suyo (Naranjo, maestro como Sarmiento), y, que, interesándose por él, le pudo conseguir lo más parecido a un indulto, o sea, la negligencia del Gobierno. Favorecidos por aquella negligencia, tan caritativa en el asunto de Gil de la Cuadra, mil y mil pillos conspiraban por el triunfo de todas las banderas conocidas".

La situación en las vísperas del golpe la describe BPG al inicio del Capítulo Nueve –págs. 68 y 69– como una mezcla de acracia y guerra civil:

> "¡Qué días aquellos los de la primavera del 22! En otras épocas hemos visto anarquía; pero como aquella, ninguna. Nos gobernaban una Constitución impracticable y un Rey conspirador que tenía agentes en el norte para levantar partidas, agentes en Francia para organizar la reacción, agentes en Madrid para engañar a todos. En nombre de la primera (la Constitución), legislaba en Madrid un Congreso de hombres exaltados. En representación constitucional del segundo (el Rey) gobernaba un Ministerio presidido por un poeta. El Congreso era un volcán de pasiones, y allí creían que las dificultades se resolvían con gritos, escándalos y bravatas; el Rey sacaba partido de las debilidades de unos y otros; el Ministerio se veía acosado por todo el mundo; pero su honradez y sus buenas letras no le servían de nada.
> El Ejército estaba indisciplinado: unos cuerpos querían ser *libres*, otros vitoreaban al Rey *neto*. Los artilleros se sublevaban en Valencia, los carabineros en Castro del Río, y la Guardia Real acuchillaba a los paisanos de Madrid. La Milicia Nacional bullía en todas partes, inquieta y arisca, sublevábase la de Barcelona gritando: ¡*viva la Constitución!*, mientras la de Pamplona, enfurecida porque los soldados aclamaban a Riego, les hizo fuego al grito de ¡*viva Dios!*.
> En Cartagena dos célebres guerrilleros de estado eclesiástico, Mosén Antón

Coll y fray Antonio Marañón, *el Trapense*, arrastraban a los campesinos a la guerra santa. El segundo, con un crucifijo en la mano izquierda y un látigo en la derecha, conquistaba pueblo tras pueblo, y al apoderarse de la Seo de Urgel, asesinaba con ferocidad salvaje a los defensores prisiones. En Cervera, los capuchinos hacían luego a la tropa. En Navarra imperaba Quesada, y no lejos de allí, don Santos Ladrón. Había aparecido en Castilla don Saturnino Albuín (…), y en Cataluña despuntó, como brillante aurora, un nuevo héroe, joven lleno de bríos, que empezaba con grande aprovechamiento la carrera. Era *Jep del Estanys*. En Murcia empezaba a descollar otro caudillo legendario, Jaime el *Barbudo*, que iba de lugar en lugar destrozando lápidas de la Constitución".

No es de extrañar que, así las cosas, los países vecinos se preparasen para ir tomando cartas en el asunto, a modo de un tutor sobre incapaces:

"Las grandes potencias estaban ya extremadamente amostazadas viendo nuestro desconcierto. Francia sostenía en la frontera su célebre cordón sanitario; Roma se negaba a expedir las bulas a los obispos nombrados por las Cortes; iba a reunirse el Congreso de Verona, con el fin que todos saben, y en él un literato no menos grande que el nuestro (Chateaubriand) echaría pronto las bases de la intervención extranjera".

Y, para más inri:

"Las Américas ya no eran nuestras, y en Méjico, Iturbide tenía medio forjada su corona".

En fin (pág. 70):

"Tal era el cuadro que ofrecía esta nación privilegiada en junio de 1822".

Y también (pág. 72 y 73):

"No puede darse heterogeneidad más abrumadora que la de aquella sociedad política. El Rey era absolutista; el Gobierno, moderado; el Congreso, democrático; había nobles anarquistas y plebeyos serviles. El Ejército era en algunos cuerpos liberal; en otros, realista, y la Milicia abrazaba en su vasta muchedumbre las clases sociales. Sólo la Milicia era la que debía ser (…)".

Pero eso no significa que BPG no se alegrase del resultado del 7 de julio. Pág. 152: "Fracaso más vergonzoso no se ha visto desde que hay pronunciamientos en España. Nada faltó a los sediciosos para su total aniquilamiento y deshonra".

En fin, en pág. 180 y 181 se recoge, en boca de Cordero, el contenido de la reunión de Fernando VII con Riego después de terminada la intentona con fracaso:

"(…) El Rey le llamó, y delante de todo el Cuerpo diplomático, le dio un abrazo apretadísimo, diciéndole que le apreciaba mucho.
– Por muchos años.

– Si llego a estar presente, de fijo se me saltan las lágrimas –añadió Cordero–. He aquí una reconciliación en que yo vengo pensando hace tiempo, sí, señor; si fuera sincera y durara mucho, ¿quién duda que los pérfidos serían aniquilados y confundidos? Su Majestad mismo se lo manifestó así al General: *En mi corazón* –le dijo– *no tendrán ya entrada los consejos de hombres pérfidos.* Si es mi tema. Los pérfidos, los pérfidos tienen la culpa de todo. Tres o cuatro pillos ambiciosos...
– ¡Todo sea por Dios!...
– Le digo a Vd. que Riego salió de Palacio entusiasmado, pero muy entusiasmado. Había que oírle. Su Majestad se le quejó de los insultos, del *trágala*... Es natural. Siempre me ha parecido una vileza mortificar al Soberano con groserías. Riego piensa lo mismo".

Y no sólo eso:

"Ayer, cuando formamos en la plaza, nos arengó (...) (en ese sentido) (y) suplicó que no se le vitoréase más, porque su nombre se había convertido en grito de alarma".

La interpretación de que BPG era un ingenuo –que ignoraba la felonía de Fernando VII– no resulta creíble, de manera que sólo cabe pensar que, una vez más, quería dejar a Riego en mal lugar.

VII. Los cien mil hijos de San Luis

La historia es bien conocida. En el Congreso de Verona, el 19 de noviembre de 1822, tanto Austria como Prusia y Rusia se comprometieron a apoyar a Francia si decidía incursionar en España pero solo en una de las siguientes tres circunstancias: 1) Que fuese nuestro país quien atacase, al menos de palabra, a su vecino del norte; 2) Que Fernando VII fuese desposeído del trono o corriese peligro su vida o la de su familia; y 3) Que se produjese un cambio en los derechos sucesorios a la corona. Ninguno de esos tres escenarios se cumplió, pero en enero de 1823 fue el propio Luis XVIII el que anunció a sus Cámaras que las negociaciones diplomáticas con España habían fracasado (!) y que sólo quedaba la invasión:

"La justicia divina permite que, después de haber hecho experimentar nosotros, por largo tiempo, a las otras naciones los terribles efectos de nuestras discordias, nos veamos expuestos a los peligros producidos por calamidades semejantes que experimenta un pueblo vecino.

He empleado todos los medios para afianzar la seguridad de mis pueblos y para preservar a España de la última desgracia, pero las representaciones que he dirigido a Madrid han sido rechazadas con tal ceguera que quedan pocas esperanzas de paz.

He dado orden para que se retire mi ministro en aquella corte y cien mil franceses, mandados por aquel príncipe de mi familia a quien mi corazón se complace en dar el nombre de hijo mío, están prontos a marchar, invocando el dios de San Luis, para conservar el trono de España a un descendiente de Enrique

IV [el rey del Bearn y fundador de la dinastía Borbón] y para preservar a aquel hermoso reino de su ruina y reconciliarle con la Europa".

Chateaubriand, en sus *Memorias de ultratumba*, lo expuso con crudeza: se trataba de "establecer un Borbón en el trono por las armas de un Borbón".

Para entonces, en España no había propiamente un Gobierno, sino dos, el de Evaristo San Miguel y el de Álvaro Flores Estrada –otro asturiano–, que –siempre en 1823– el 20 de marzo, y llevándose contra su voluntad a Fernando VII, habían abandonado Madrid para establecerse en Sevilla, en un gesto que acreditaba su debilidad. El primer soldado francés cruzó la frontera el 7 de abril, contando con la colaboración de tropas realistas españolas. El presupuesto de los invasores era de 23 millones de francos, lo que permitió darse el lujazo de pagar en efectivo los suministros (sin tener que requisar nada, como sí se hizo en 1808), cosa que contribuyó a doblegar las voluntades resistentes. Y, en cuanto a lo segundo, lo propagandístico –siempre tan importante como lo propiamente militar: todas las guerras, desde Troya, son híbridas–, ni que decir tiene que los púlpitos estaban por la labor: esta vez no se venía a atacar la religión católica, sino justo lo contrario. El duque de Argulema entró en Madrid el 23 de mayo y nombró una regencia presidida por otro duque, el del Infantado.

En Sevilla se hizo el paripé de reanudar –el 23 de abril– las sesiones de las Cortes, de las que por cierto seguía formando parte Riego. San Miguel dimitió, pero el beneficiario no fue Flores Estrada, sino un tercero, José María Calatrava. Como ha explicado Emilio La Parra, "venía a ser un hombre de consenso entre los defensores de la Constitución", pues "como doceañista no era mal visto por nadie y además mantenía buenas relaciones con los exaltados, tanto los masones como los comuneros". Pero para entonces ya sólo quedaba ir cediendo terreno: de Sevilla el tinglado se trasladó el 11 de junio a Cádiz, siempre arrastrando al Rey.

Ahí se llegó a un punto de no retorno: las Cortes le inhabilitaron temporalmente por impedimento moral para ejercer sus funciones y nombraron una regencia de tres miembros (Cayetano Valdés, Gabriel Ciscar y Gaspar de Vigodet) para ejercer los poderes de la Corona. A ello respondió la otra regencia –la realista, instalada en Madrid– declarando reos de esa majestad a todos los diputados que habían participado en las deliberaciones, Riego entre ellos. Esa regencia realista llegó a Cádiz el 15 de junio y declaró que Fernando VII recuperaba sus poderes. El Gobierno siguió resistiendo, pero sólo hasta el 30 de septiembre.

El TL había terminado. Y al Rey le faltó tiempo –1 de octubre, desde el Puerto de Santa María– para dictar uno de esos *borrones y cuenta nueva* que se dan cada tanto en nuestra historia:

> "Son nulos y de ningún valor todos los actos del Gobierno llamado constitucional, de cualquier clase y condición que sean, que ha dominado a mis pueblos desde el día 7 de marzo de 1820 hasta hoy, día 1 de octubre de 1923, declarando, como declaro, que en toda esta época ha carecido de voluntad, obligado a sancionar leyes y a expandir las órdenes, decretos y reglamentos que contra mi voluntad se meditaban y expedían por el mismo gobierno".

A ese día 1 de octubre se refirió Fernando más tarde con las siguientes palabras de júbilo y al tiempo de acusación:

> "Día dichoso para mí, para la real familia y para toda la nación; pues que recobramos desde este momento nuestra deseadísima y justa libertad, después de tres años, seis meses y veinte días de la más ignominiosa esclavitud, en que lograron ponerme un puñado de conspiradores por especulación, y de oscuros y ambiciosos militares que, no sabiendo escribir bien sus nombres, se erigieron ellos mismos en regeneradores de España, imponiéndole a la fuera las leyes que más les acomodaban para conseguir sus fines siniestros y hacer sus fortunas, destruyendo a la nación".

"Los tres mal llamados años", en la nada simpática expresión de los triunfadores. Lo que se venía encima era una década que no sin exageración se ha calificado de ominosa, pese a las dos amnistías –la de 1824 y la de 1832– que se pronunciaron. La década encarnada en el exilio de Goya a Burdeos en el mismo 1824, donde (con el intermedio de dos viajes a Madrid, eso sí) acabaría falleciendo en 1828. Una referencia obligada en este contexto, porque sin Goya y sin Burdeos no se entiende nada.

Y quien dice Goya y Burdeos dice –no hay que extenderse en explicarlo– Leandro Fernández de Moratín y también Manuel Silvela, ilustre por sí mismo y también por haber sido el padre de Francisco Agustín.

Del EN que lleva ese nombre, escrito en febrero de 1877 y quizá el más entretenido de todos –entre otras cosas, por la propia evolución ideológica de la narradora, Jenara, que de absolutista pasa a irse templando–, hay que destacar las ocasiones en las que PGB se coloca en la perspectiva francesa para justificar la invasión como una operación de política interior de nuestros vecinos. Para muestra, un botón de pág. 67: "Habló también (Chateaubriand, el 1 de marzo de 1823 en París) de las sociedades secretas y de los carbonarios, que sin duda le inspiraban vivísimo miedo; y yo empecé a comprender que el objeto de la intervención no era poner paz entre nosotros, ni hacernos felices, ni aun siquiera consolidar el vacilante trono de un Borbón, sino aterrar a los revolucionarios franceses e italianos que bullían sin cesar en los tenebrosos fondos de la sociedad francesa, jamás reposada ni tranquila".

O pág. 69: "Su objeto, su bello ideal, era aterrar a los revolucionarios franceses, harto entusiasmados con las demandas de nuestros bobos liberales, y, además, dar a la dinastía restaurada el prestigio militar que no tenía". Y es que "el principal enemigo de los Borbones en Francia era el recuerdo de Bonaparte y el dejo de aquel dulce licor de la gloria, con cuya embriaguez se habían enviciado los franceses. Una monarquía que no daba batallas de Austerlitz, que no satisfacía de ningún modo el ardor guerrero de la nación y que no tocaba el tambor en cualquier parte de Europa, no podía ser amada de aquel pueblo en quien la vanidad iguala a la verdadera franqueza, y que tiene tanta presunción como genio". Y es que "era necesario que la Restauración tuviera su epopeya, chica o grande, aunque esta epopeya fuese de mentirijillas".

En el bien entendido de que los franceses pretendían para España algo distinto a lo que querían para ellos mismos. Pág. 68: "las personas influyentes de la Restauración deseaban para Francia una monarquía templada y constitucional, fundada en el orden, y para España, el absolutismo puro. Con tal que en Francia hubiera tolerancia y filosofía, no les importaba que en España tuviésemos frailes e Inquisición. Todo iría bien siempre que en ninguna de las dos naciones hubiese francmasones, carbonarios y demagogos".

¿Por qué esa diferencia? Por los famosos estereotipos de la Enciclopedia, que luego hizo suyas –en parte, embelleciéndolos– la España romántica:

> "Tenían de nuestro país una idea muy falsa, cuando Chateaubriand, que era el genio de la Restauración, decía de España: *Allí, matar es cosa natural, ya sea por amor, ya sea por odio,* puede juzgarse lo que pensarían todas aquellas personas que no supieron escribir *El genio del Cristianismo.* Nos consideraban como un pueblo heroico y salvaje, dominado por pasiones violentas y por un fanatismo religioso semejante al del antiguo Egipto".

Precioso librito, insisto.

VIII. El terror de 1824

Si el día 1 de octubre de 1823 fue –en Cádiz y su entorno– el último del TL, lo cierto es que el primer empeño del nuevo régimen consistió en ejecutar –ahorcar– a Rafael del Riego, lo cual tuvo lugar el 7 de noviembre. Tenía 39 años. En cuanto diputado, se encontraba en Andalucía, donde se le había detenido el 15 de septiembre, encerrándolo en La Carolina. El 2 de octubre se le había conducido en Madrid.

La acusación no se fijó en que había estado entre quienes votaron la inhabilitación temporal de Fernando VII, sino en algo aún más liviano: "el horroroso atentado cometido por este criminal como diputado de las llamadas cortes, votando la traslación del rey nuestro señor y su real familia a la plaza de Cádiz". Y ello aun sabiendo que, en palabras del fiscal "no bastarían muchos días y volúmenes" para enumerar todos los crímenes. Pasaba a ser el villano por excelencia. A notar que Fernando VII esperó para regresar a Madrid que la Sentencia se hubiese cumplido: sólo lo hizo el 13 del tal mes de noviembre, aunque, eso sí, montando en un carro triunfal tirado por 48 hombres, nada menos.

En el bien entendido de que con esa manera de proceder se estaba convirtiendo a Riego (como a Mariana Pineda en 1830 y a Torrijos en 1831, cuadro de Gisbert de por medio) en un mártir de la libertad. Su rehabilitación formal llegaría el 21 de octubre de 1835 mediante un Decreto firmado por Mendizábal –que por cierto había participado en el pronunciamiento de 1820–, invocando "la sagrada obligación de reparar pasados errores" y la conveniencia, "en estos días de paz y reconciliación para los defensores del Trono legítimo y de la libertad", de borrar "en cuanto sea posible, todas las memorias amargas". El héroe de Cabezas de San Juan quedó "repuesto en su buen nombre, fama y memoria", reconociendo a su familia "la posición y viudedad que le corresponde según las leyes".

El libro de BPG llamado *El terror de 1824* –quizá uno de los mejores EENN, o al menos así piensa Andrés Trapiello, a quien me adhiero– dedica un Capítulo, el quinto, a la ejecución de Riego, pese a haber tenido lugar, se insiste, con anterioridad, en noviembre de 1823. Y es, para empezar, un alegato contra la pena de muerte (págs. 48 y 49). De los muchos que conozco, el más profundo y bello:

> "Lo más cruel y repugnante que existe después de la pena de muerte, es el ceremonial que la precede y la lúgubre antesala del cadalso, con sus cuarenta y ocho mortales horas de capilla. Casi más horrenda que la horca misma es aquella larga espera y agonía entre la vida y la muerte, durante la cual exponen la víctima a la compasión pública, como a la pública curiosidad los animales raros. La ley, que hasta entonces se ha mostrado severa, muéstrase ahora felizmente burlona, permitiendo al reo la compañía de parientes y amigos y dándole de comer a qué quieres boca.
> Algún condenado de clase humilde prueba en esos dos días platos y delicadas confituras, cuyo sabor no conocía.
> Señores sacerdotes y altos personajes le dan la mano, le dirigen vulgares palabrillas de consuelo, y todos se empeñan en hacerle creer que es el hombre más feliz de la creación, que no debe envidiar a los que incurren en la tontería de seguir viviendo, y que estar en capilla con el implacable verdugo a la puerta es una delicia".

Pero eso, en abstracto, porque, descendiendo al caso concreto de Rafael del Riego, BPG muestra una vez más –pág. 49– su opinión nada favorable:

> "Aquel hombre famoso, el más pequeño de los que aparecen ingeridos sin saber cómo en las filas de los grandes, mediano militar y pésimo político, prueba viva de las locuras de la dama y usurpados de una celebridad que habría cuadrado mejor a otros caracteres y nombres condenados hoy al olvido, acabó su breve carrera sin decoro ni grandeza.
> Un nombre (llamado a) morir habría dado a su figura el realce heroico que no pudo alcanzar en tres años de impaciente agitación y bullanga; pero tan desgraciada era la libertad en nuestro país, que ni al morir bajo las soeces uñas del absolutismo, pudo alcanzar aquel hombre la dignidad y el prestigio de la idea que se avalora sucumbiendo. Pereció como la pobre alimaña que expira chillando entre los dientes del gato".

Así de triste fue todo: para el TL, para la persona y sobre todo para España.

IX. Unas reflexiones finales y ya enteramente mías

Suele entenderse que las revoluciones vienen de abajo: el pueblo que, después de haber aguantado carros y carretas, pone un día un *hasta aquí*. Es lo que ocurre cuando la sociedad ha cambiado mientras que las instituciones siguen en el mismo sitio: acartonadas, obsoletas. Sucede que la gente ha dejado de reconocerse en ellas y las echa abajo. El ejemplo clásico es la toma de la Bastilla en París el 14 de julio de 1789, la caída del muro de Berlín el 9 de noviembre de dos siglos más tarde o la primavera árabe de 2011.

Pero hay otras muchas ocasiones en las que la dinámica es justo la inversa, las "revoluciones desde arriba": el despotismo ilustrado del siglo XVIII con Carlos III, los intentos de secularización de Turquía con Ataturk o de Irán con el Shah Reza Pahlevi, o lo que hoy se llama, referido a políticas de izquierda que quieren forzar el cambio de las mentalidades, "ingeniería social".

Y en esos casos, cuando es el poder el que intenta ir por delante a la hora de la modernización, a veces la sociedad se enquista y (como en el escenario inverso de las instituciones anquilosadas) reacciona: Esquilache 1766; Erdogan o Jomeini; Vox: reacciones en el sentido literal, el de la tercera ley de Newton.

El cambio social (debido a la interacción de la economía, la tecnología y las mentalidades) y el cambio institucional están, en suma, en una relación inestable, en la que los desajustes, en un sentido o en el inverso, amenazan con estallar en cualquier momento.

De España suele decirse, sobre todo a partir de la contrarreforma en el siglo XVI, que ha ido siempre rezagada con respecto al norte de los Pirineos. Pero lo cierto es que no siempre fue así y lo acredita lo sucedido en 1820-1823, más incluso que el texto de Cádiz de 1812. De este último hay que subrayar su carácter transaccional (realista, ahora en el sentido del principio de realidad de Freud), plasmado en el Art. 12, sobre la confesionalidad del Estado: religión católica como única verdadera (y profetizando: es y será). Y realista también en el sentido de monárquica: la opinión pública española –iletrada, analfabeta y todas las diatribas que queramos– no estaba preparada para nada que no fuese la monarquía. La guillotina de Luis XVI en 1793 se encontraba demasiado cerca y produjo el efecto de un exorcismo.

Eso, en cuanto a España. Y, en lo que hace a Europa, lo mismo o más. 1820 era el momento de la marcha atrás o al menos el freno. Al que, por supuesto, también le acabaría llegando su hora, pero sólo más tarde y en tres tiempos: 1830 –Ordenanzas de Carlos X y monarquía de julio–, 1848 –febrero en Francia y marzo en Alemania– y finalmente 1870. Pero con muchas muertes por el camino: no se pasa de la noche a la mañana (y sin pagar peaje) de una economía agraria a una industrial, o de una sociedad rural a una urbana, o de mentalidades confesionales a laicas. Como en las siete y media: tan malo es no llegar como pasarse. Y esto último fue lo que sucedió en el TL.

En esa clave interpreto yo a BPG (al BPG de 1876/77, cuando escribió estos EENN: luego tendría tiempo de sobra de desengañarse también de la restauración y lanzarle toda suerte de diatribas, pero esa es otra historia). Pero quienes de verdad nos habrían podido ayudar a averiguar lo que en cada momento de verdad pensaba son los que le conocieron personalmente y le trataron mucho, como su médico de cabecera Gregorio Marañón y su colega y amigo (nueve años más joven) Leopoldo Alas Clarín.